창조적 열정을 지닌 청소년,

아름다운 세상을 꿈꾸다

창조적 열정을 지닌 청소년,
아름다운 세상을 꿈꾸다

─청소년, 우리의 삶을 변주하다

인디고 아이들 지음

궁리
KungRee

청소년, 우리의 삶을 변주하다

2004년 10월 19일. 그리 오래 되지는 않았지만 '주제와 변주' 라는 작지만 깊은 내용을 지닌 소통의 장에서 우리는 책에서 '주제'를 가지고 걸어 나온 저자들과 그 주제를 함께 변주하면서 함께 웃고, 함께 고민하는 시간을 가졌습니다. 넓은 세상에서 한 공간에 모여, 같은 시간을 공유하며 각자가 지닌 이성과 감성을 풀어내어 더 큰 하나의 어울림으로 만들었던 것이 바로 주제와 변주라는 행사였던 것이지요. 주제와 변주를 통해 그곳에 함께했던 모든 사람들은 아마도 삶의 새로운 지침을 세우기도 했을 것이고, 그것을 실현해가기 위해 노력하게 되었을 것입니다.

이렇듯 의미가 깊은 행사는 『주제와 변주』라는 제목으로 그 열기를 담아 책으로 출간되었습니다. 당시 그곳에 있었던 사람들은 뜨거운 열정과 고민이 활자화된 책을 통해서 다시 한 번 그때의 열정을 느꼈고, 사유를 좀 더 확장할 수 있는 기회도 가졌습니다. 한편, 당시의 주제와 변주 행사에 참여하지 못하고 책으로 행사를 처음 접한 사람들도, 참여한 사람들이 나누었던 생각, 담론들을 마주하며 주제와 변주에 빠져들게 되었습니다. 그런데 그 책 속에는 아직 풀리지 않은 문제들과 더 생각해봐야 할 문제들이 많았습니다. 그 문제들에 대해 서로의 고민과 의견을 나누던 우리들은 더 많은 사람들과 문제를 공유해야 한다고 생각했고, 그래서 많이 모자라지만 서로의 생각을 모아 이렇게 또 다른 변주를 책으로 엮게 되었습니다.

열아홉. 열아홉이기 이전에 '고3'으로 살아가고 있는 청소년으로서 책을 쓴다는 것은 무리일 것 같기도 했고, 공부만 해도 모자란 시간에 괜한 일에 시간과 힘을 낭비하는 것이 아니냐는 부모님과 선생님들, 그리고 누구보다 스스로에게 그런 질문을 던지며 많은 갈등과 혼란을 겪었습니다. 과연 이 작업이 학교와 수능공부시간을 줄여가며 해도 되는 일일까, 정말 어른들의 말씀처럼 고3에겐 과분한 일이 아닐까, 라는 물음에 가슴과 머리가 터질 듯한 고민을 하기도 하고, 때론 답답함에 눈물을 흘리기도 했습니다.

하지만 우리 중 아무도 억지로 시키지 않은 이 일을 포기하지 않았습니다. 힘들긴 하지만 오히려 그런 고민들은 메마르고 반복적인 수능공부에 단비와도 같은 것이었기 때문입니다. 진지하고 진실된 것에 목말랐던 청소년인 우리에게는 책을 쓰는 것은 고통이기 이전에 행복이고 사막의 오아시스처럼 정말 오랜만에 만난 삶을 위한 공간 같은 것이었습니다.

게다가 문학, 역사·사회, 철학, 예술, 교육, 생태·환경이라는 큰 주제들을 가지고 고민하는 일은 '괜한 일'이 결코 아니었습니다. 오히려 학교나 학원에서 일방적으로 수업을 듣고 외우는 방식의 공부보다 스스로 세상을 고민하고 답을 찾아가는, 더 옳은 교육이었습니다. 우리를 사랑하시는 많은 분들은 우리의 이 작업이 수능을 봐야 하는 현실을 망각한 것이라 걱정하셨지만, 우리는 본능적으로 그것이 더 좋은, 옳은 공부라는 것을 알았기에 책 쓰는 것을 포기하지 않았던 것 같습니다.

어떤 장애우에게 거동도 불편한데 야간학교를 다니는 이유가 무엇이냐고 묻자 "왜 공부하냐고요? 그럼 물어보신 분은 왜 사세요?"라고 대답합니다. 그들에게는 '생존'인 공부를 우리는 어떤 마음으로 하고 있는지 돌아보게 됩니다. 좋은 대학, 좋은 직장을 위해 하루의 거의 대부분을 좁은 책상 앞에 앉아 공부하는 우리의 모습에서 과연 우리가 얻고자 하는 '좋은' 것이란 무엇일까 생각해봅니다. 자기가 하고 싶은 공부, 하고 싶은 일이 우선이 아니라 점수에 맞춰 어느 대학, 어느 과를 갈 것인지를 결정하는 청소년들이 꿈꾸는 것은 도대체 무엇일까요? 꿈을 꾸지 않는 청소년, 책상 밖의 일은 잘 알지 못하는 청소년, 치열한 경쟁 속에서 어느새 함께 살아야 할 이웃을 잊어버린 청소년. 죽기 살기로 얻은 좋은 대학과 좋은 직장에서 그들은 과연 어떤 삶을 살 수 있을까요? 그런 생각을 하면 갑자기 두려워집니다. 한 번도 타인의 고통을 함께 한 적 없는 자가 변호사가 되고 판사가 되어 사회의 많은 사건의 옳고 그름을 판결하고, 한 번도 이웃에게 따뜻한 손길 내민 적 없는 자가 선생님이 되어 어린 아이들을 가르친다는 것은 너무나 위험하고 무서운 것입니다. 하지만 그렇게 삭막해지고 이기적으로 변해가는 아이들의 문제는 다만 '요새 젊은 것들'의 문제가 아닙니다. 이 모든 것은 자아를 찾고 타인을 바라볼 기회를 주지 않는 교육과 시대가 만든 어쩌면 너무나 당연한 결과라고 생각합니다.

이런 사회를 만든 것은 지금의 어른, 오늘날의 청소년보다 더 먼저 시대를 산 사람들이지만, 모순되고 잘못된 사회를 바로잡을 수 있는 것은 오직 더 나은 삶을 꿈꾸는 청소년뿐입니다. 이 시대는 청소년을 판단력 없고 진지하지 못한 존재로 생각하며, 청소년 또한 스스로 자신들의 힘과 그 힘을 펼칠 권리를 알지 못합니다. 선생님들과 부모님은 메마른 학교생활을 '참고 견뎌라'라고 격려합니다. 교육체제가 잘못된 것을 알지만 모두가 겪는 과정이니 참고 견뎌라고 말입니다. 그리고 나중에 사회에 나가 성공을 한 뒤에 하고 싶은 말들을 마음껏 하라 하지요. 그리고 청소년들은 그 말을 따르는 것이 모범적이고 옳은 학생이라 생각합니다.

그러나 곪은 자리를 덮어두면 곪은 것이 자꾸 커져 더 아파지는 것이 당연하듯이, 사회의 잘못을 참고 견디기만 하면 그것은 더 심각해지고 복잡해질 뿐 영원히 바로잡을 수 없습니다. "아프면 아프다고 이야기해야 한다"고 말하던 한 청소년의 말처럼 아픔의 현장에 살고 있는 사람이 그 아픔을 가장 잘 이야기할 수 있고, 그 아픔을 벗어나기 위해 행동할 수 있습니다. 청소년들은 그들이 살고 있는 사회의 부조리함과 모순을 이야기해야 하며, 나아가 아름다운 세상을 꿈꾼다면 그 세상을 현실화할 수 있는 엄청난 힘을 가지고 있습니다. 그렇기에 더 나은 삶을 꿈꾸는 순수한 청소년들의 목소리는 반드시 세상을 향해야 하고, 그 목소리는 존중받아야 한다고 생각합니다. 이 책은 그러한 목소리 중 하나가 되어 아름답고 정의로운 세상을 향한 힘찬 발걸음이 될 것입니다. '주제와 변주'를 변주한 이 책은 또 다른 변주를, 그리고 그것은 또 다른 변주가 되어 퍼져나가 우리가 꿈꾸는 세상에 가까워질 수 있을 것이라 믿습니다.

6개로 나누어진 주제 속에서 우리 사회의 문제들을 고민해보고 나름의 대답을 하였습니다만, 이것이 정답이라고는 생각하지 않습니다. 논리적으로 오류가 있는 부분도 분명 있을 것이고, 너무 이상적이어서 현실성이 떨어지는 대답도 있을 것입니다. 하지만 모순적이게도 이 책의 가치는 바로 그것에 있다고 생각합니다. 아직 완성되지 않은 말랑말랑한 이야기는 많은 소통의 장이 될 것이며, 만남과 연대를 통해 단단해져 세상의 모순을 향해 던져질 것이기 때문입니다. 그리고 조금은 거칠고 대담해 보일 수 있는 대답은 어쩌면 우리가 어른이 되어서는 하지 못할, 청소년이기에 할 수 있는 열정과 순수함이 묻어나온 답이라 생각합니다. 어른들의 눈에는 비현실적이고 이상적일 수 있는 세계를 꿈꿀 수 있기에 청소년이며, 그런 꿈을 꾸는 청소년이 있기에 세상은 희망이 있는 것입니다.

다만 열정과 패기가 순수함과 진실함을 잃지 않고 옳은 방향으로 나아가기 위해서는 많은 소통과 만남이 필요합니다. 이 땅의 꿈꾸는 청소년들이 많아질 수 있게 할 수 있는 힘은, 그리고 그 청소년들이 아름다운 세상을 만들 수 있는 가능성을 크게 하는 것은 여러분 한 명 한 명의 관심이고 참여입니다. 개개인의 힘은 커다란 세상에 비해 너무 작아 보이지만, 그래서 하찮아 보이기도 하지만, 그 힘들은 뜻을 같이 하는 사람들과 모였을 때 무한한 힘을 발휘할 엄청난 잠재력을 가지고 있습니다. 그래서 이 책은 민요가락에서의 선창

(先唱) 역할이 되려고 합니다. 이 선창은 사회라는 커다란 호수에 잔잔한 물결을 일으키는 조용한 음악이 될 수도 있고, 이 책을 읽는 독자들의 후창(後唱)과 함께 어우러져 사회라는 호수 전체를 요동치게 만드는 거대한 울림이 될지도 모릅니다. 아니, 그 노래가 계속 퍼져나가 우리가 꿈꾸는 세상에 가까워질 수 있는 울림이 될 것이라 굳게 믿습니다.

끝으로 청소년인 우리가 다듬어지지 않은 시선으로 세상을 바라볼 때면 언제나 그 이야기에 귀기울여주시고, 더 생각해봐야 할 것들을 가르쳐주시던 부모님, 우리가 꿈꾸는 세상을 위해 먼저 노력하고 있는 용기와 열정을 가진 선배님들, 힘든 현실 속에서도 진실과 정의로 세상과 소통하고 '기적이 되자(Be the Miracle)'고 외쳤던 진실한 친구들, 지치고 힘들 때면 순수한 시각으로 우리가 다시 힘을 낼 수 있게 해주던 후배들. 그리고 그 목소리를 세상에 전하기 위해 힘들지만 고민과 열정을 놓지 않았던 아름다운 7명의 청소년. 그리고 우리의 목마름이 어디서 오는 것인지 모르고 헤맬 때, 그것이 무엇인지 깨닫게 해주고 자아를 찾기까지 방황하는 우리를 잡아주신 영원한 소녀 아람샘. 이 모든 분들께 말로 다 표현이 될 수 없겠지만, 진심으로 감사의 마음을 전합니다. 이분들의 감사함에 보답하는 것은 더 나은 세상을 꿈꾸는 아름다운 청년이 되는 것이고, 더 많은 청소년과 소통하려고 하는 것이며, 그런 청소년이 더 많아질 수 있는 사회를 만들 수 있는 힘을 가지는 것이라 생각하고, 오늘도 꿈을 꾸며, 진실에 목말라하며, 더 깊은 지성과 감성을 위해 오늘 하루도 치열하게 살아가겠습니다.

김나리, 이소연, 이윤영

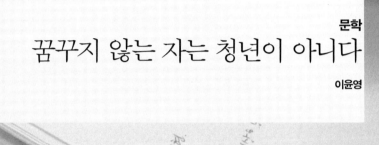

문학

꿈꾸지 않는 자는 청년이 아니다

이윤영

1. 시인의 시에 대한 배고픔보다 금전적 풍요로움이 더 바람직한 것인가?

'왜 문학을 하는가?'에 대한 답을 하는 것이 '문학'을 제대로 창작해보지 않은, 혹은 정통으로 공부하지 않은 나로서는 굉장히 조심스럽다. 작가도 아니면서 작가의 입장을 이야기한다는 것이 마치 신문에 나온 영화의 한 줄 논평을 보고 그 영화가 좋다, 나쁘다를 평가하는 것과 같아 보이기 때문이다. 그래서 많은 글을 통해 공부한 내용들과 책을 통해서나 혹은 직접 만난 작가들이 해주신 말씀들을 왜곡하지 않으려고 노력했지만, 여전히 부족한 부분이 없지 않을 것이다. 하지만 적어도 청소년을 비롯한 문학에 대해 잘 알지 못하는 많은 사람들에게 문학과 문학가들에 대한 생각을 알리고, 무심코 지나갔던 문학 속의 작가를 다시 한 번 생각하게 하는 계기를 제공할 것이라 생각한다.

밥벌이가 시원찮은 일은 가치 없는 일인가?

글을 쓰는 것을 직업으로 하는 사람들, 특히 문학을 하는 사람들에게 세상은 묻는다. "밥벌이도 시원찮은 짓을 왜 하나?"라고. '인문학이 위기'인 시대에 살고 있는 현대인들에게 경제적으로 매력이 없는 문학을 하는 사람은 고리타분한 괴짜 같은 이상한 사람이다. 유명하지도 않은데 작품을 계속해서 써가는 그들은 해리포터의 작가처럼 어느 날 자신의 작품이 세계적으로 유명해질 것이라는 꿈에 젖어 있는 것 같아 보이기도 한다. '문학'이 영상매체에 밀려 많은 사람들에게 소외받고 있는 현대사회에서도 글쓰기를 계속하는 사람들은 어떤 이유에서 글을 쓰는 것인지 궁금해진다. 그 이유를 『주제와 변주』 박정대 선생님 편에서 찾아볼 수 있다.

> **이슬아** : 시인이 시를 쓰는 이유는 무엇입니까?
>
> **박정대** : 시를 왜 쓰느냐…… 그런 질문을 항상 참 많이 받아 봤는데 그럼 제가 물어보고 싶은 말이 있어요. 질문자는 밥을 왜 먹죠?
>
> **이슬아** : 살아야 하니까.
>
> **박정대** : 똑같은 이유로 시를 씁니다. 저에게 시가 절실하지 않으면 저도 안 쓸 거예요. 저도 어떨 때는 3개월, 4개월 동안 시를 아예 못 쓰거든요. 여러분도 3, 4개월 동안 아무것도 안 먹으면 무지 배가 고프겠죠.(웃음) 그러다 어느 순간 저도 배가 고파요. 히딩크라는 사람도 이기면서도 계속해서 배가 고프다고 했다는데 저도 쓸 때마다 배가 고파요. 그래서 더 쓰게 되는 거예요. 저는 어떤 작품을 한 번 써놓고 일주일 정도 있다가 읽어봤을 때 너무 싫은 시가 있거든요. 저 스스로도 읽을 때마다 새로운 시, 저 스스로가 즐길 수 있는 시, 그런 시를 쓰고 싶어요.
>
> ─『주제와 변주1』 제6회 박정대 선생님 편, 268쪽

단순한 이유다. 살기 위해 밥을 먹듯이 시를 쓴다는 시인의 말은 그 이상 어떤 설명도 필요 없어 보인다. 하지만 다시 한 번, 우리 사회는 왜 문학을 하는 것을 괴롭고 힘든 것이라 생각하고, 그것을 생업으로 하는 사람들의 삶이 무기력하다고 생각하는 것일까? 그것이 사실이기도 하겠지만 인문학을 현대사회의 실용적 입장, 더 솔직하게 말하면 자본주의적 입장에서 바라봤을 때는 비효율적이고 비경제적인 것이기 때문이다. 나 역시 솔직히 말해 사람들에게 잘 읽히지도 않을 글, 다시 말해 잘 팔리지 않을 글을 쓰는 사람들이 안타깝다고

생각한 적이 있었다.

하지만 우리 사회를 조금만 자세히 들여다보면, 문학뿐만 아니라 거의 모든 분야에서 비슷한 현상이 일어나고 있다. 멀리서 찾을 것 없이 고등학생인 내 모습을 보자. 나를 비롯한 대다수의 수험생들이 얻고자 하는 것은 명문대라 불리는 몇 개 대학의 입학허가서이다. 하지만 아무리 모두가 열심히 한다고 해도 그 허가서를 받는 사람은 제한되어 있다. 명문대의 얼마 안 되는 자리에 들어가려는 꿈을 이루기 위해 청춘을 쏟아붓는 고등학생의 모습이나, 자신의 글이 많은 사람들에게 읽히지 않을 것을 알면서도 글쓰기를 멈추지 않는 문학가들이나 다른 것이 무엇인가? 고등학생뿐만 아니라 경쟁을 통해 성취할 수 있는 현대사회의 거의 모든 직업과 직무들이 그러한데, 유독 문학만 비효율적이고 비생산적이라 하는 것은 문학과 문학가들에게는 억울한 일이리라.

그런데 이러한 설명은 단지 문학을 하는 것만이 비경제적인 것이 아니기 때문에 문학을 생업으로 하는 것을 합리화하는 시각으로 보일 수 있는 것 같다. 그러한 점에서 이 설명은 상당히 위험한 것이고, 그들에게 고개 숙여 사과해야 할 정도의 어리석은 해석이다. 왜냐하면 문학을 하는 이유가 유명한 작가가 되기 위해서나 돈을 벌기 위해서가 아니기 때문이다. 자신의 작품이 유명세를 타서 대박을 터뜨리기를 염원하는 작가가 없지는 않겠지만, 그것은 문학을 하는 근원적인, 일차적인 이유는 아닐 것이다. 적어도 문학작품을 창작한다고 하는 사람들은 박정대 시인의 말처럼 즐겁기 때문에, 창작하는 것이 살아가는 힘이 되기 때문에 글을 쓰는 것이지, 돈 좀 잘 벌어보겠다는 목적 때문이 아니다. 돈을 벌고자, 그리고 유명한 작가가 되고자 하는 욕망은 그들이 글을 쓰는 것에 배가 고프게 할 만큼 근원적인 원동력을 가지지 못할 것이다.

작가가 창조한 소름 돋는 문학적 표현, 문학다움

문학은 설명문이나 논설문과는 달리 하나의 문장마다 문학다움을 가지고 있다. 문학다움이란 그 문장 속에 작가의 삶, 혹은 작가가 살고 있는 세계가 탁월한 어휘로 표현된 것을 의미한다. 보통 짧은 글 속에 많은 것을 담고 있는 시만 그렇다고 생각할 수 있으나, 시를 포함한 모든 장르의 문학작품이 문학다움을 지니고 있다. 문학작품을 창조하는 것이 어려운 이유가 작가가 전하고 싶은 감정을 문학다움을 갖춘 문장으로 표현하는 것에 있다고 해도 과언이 아닐 것이다. 주제와 변주에서 만난 김선우 시인은 문학다움을 창조하기 위한 작가로서의 자세를 이야기해주었다.

> **김선우** : 그러니까 기본적으로 저는 시인은 일상에서 항상 깨어 있어야 하는 사람이라고 생각하는데, 그게 시인의 몫인 것 같아요.
>
> 일상생활이란 게 면면이 모두 소중한 거면서도, 또 일상의 속도에 매몰되기가 쉽지요. 사회생활의 속도에 따라가기도 바쁜 일상 속에서 잠깐 멈춰서서 뭔가에 대해 골똘히 몰두할 수 있는 시간이 많지 않잖아요. 그런데 시인이라는 존재들은 요구되는 속도에 반기를 들며 일상의 사소한 결들이 우리에게 던지는 어떤 의미들을 발견하는 존재임과 동시에 아주 적극적으로 그 일을 해야만 하는 일종의 의무가 부여된 사람들이라는 생각을 하거든요. 그게 시인이 대단한 무엇이라서가 아니라. 스스로 시인으로서의 자기 존재를 유지시키기 위해서는 일상에서 가장 예민하게 깨어 있어야 하는 자세가 필요해요. 우리가 영감이라고 하잖아요. 그런데 그 영감의 순간이 언제 어떻게 나를 슥 베고 지나갈지 몰라요.
>
> —『주제와 변주1』 제10회 김선우 선생님 편, 531쪽

사실 시나 소설을 읽을 때, 작가가 공들여 썼을, 어쩌면 몇 날 며칠을 잠도 못 자고 고민했을 한 문장 한 단어를 무심코 지나가는 경우가 많다. 시를 공부하

는 고등학생의 대부분은 작품을 해석하기에 급급해 작가가 선택한 탁월한 단어 하나 하나를 제대로 음미하지 못했을 것이다. 하지만 어느 날 익숙한 시를 보았는데도 어떤 한 문장이, 한 단어가 삶에 영향을 주고 힘들 때 힘이 되어주는 것은 결코 우연이 아니다. 시가 삶에 힘을 주는 것은 작가들이 수많은 고뇌 끝에 한 줄의 시를 쓰는 것이고, 때문에 그런 힘을 가진 표현이 창조되는 것이기 때문이다.

문학은 인간이다

작가가 창조한 문학 속에는 작가의 삶이, 그리고 그 사회가 묻어 있다고 했다. 하지만 아무리 그 사회를 그려내는 언어적 표현이 탁월하다고 해도, 엄연히 다른 공간과 다른 시대를 살고 있는 작품들이 소통될 수 있는 이유는 무엇일까? 문학 속 표현이 의식과 감정의 폭을 넓게 가진다고 해도, 그것이 모든 사회를 통합할 수는 없는 것이며, 무엇보다 그런 것을 염두에 두고 글쓰기를 시도하는 사람은 아마 없을 것이다. 하지만 지금과는 너무나 시대적으로 동떨어진 옛날에 쓰인 작품들, 그리고 너무나 다른 문화를 배경으로 창작된 작품들을 지금도 이해할 수 있고 공감할 수 있는 사실은 분명하다. 셰익스피어의 희곡과 같은 옛 작품들이 여태까지 읽혀진다는 것만으로도 그것은 증명된다. 그렇다면 문학의 어떤 특징이 다른 시대와 공간, 문화를 살고 있는 사람들에게도 소통될 수 있게 하는 것일까? 무엇이 시대와 공간을 넘어 읽는 사람을 감동하게 하는 것일까?

> 우리 인간이 인류에 대해 언급할 때 우리는 하나의 거대한 지구촌 가족이라는 말을 사용한다. 이 가족 안에 있는 다양한 인종, 다양한 언어, 다양한 피부색, 다양한 관습, 삶과 죽음을 보는 다양한 시각 자체는 지구촌이 가진 하나의 크나큰 보물인 것이다. 아주 상이한 가족은 그러나 우리를 인간답게 만드는 공통적인 요소를 지니고 있다. 그것은 바로 인권에 대한

의식이며, 우리의 삶을 구성하는 유일한 규범이 바로 인권이라는 것이어
야 한다는 점이다.

–『평화를 위한 글쓰기』, 루이스 세풀베다, 민음사, 92쪽

칠레의 소설가 루이스 세풀베다는 서울국제문학포럼에서 문학이 보편적으로
이야기될 수 있는 까닭이 '인권'이라고 말한다. 즉, 문학을 읽고 감동을 받고
공감을 할 수 있는 바탕은 우리를 인간답게 하는 공통적인 요소인 '인권'이라
는 것이다. '인권'이라는 개념이 잘 이해가 되지 않는다면, 쉽게 '인간의 기본
생활' 또는 '인간' 정도로 이해하면 될 것이다. 시대와 공간이 다르더라도 문
학은 언어를 사용하고 기록할 줄 아는 인간이 창조한 것이며, 그렇기에 인간
이라면 이해할 수 있는 보편적인 것이 내재해 있다는 말이다.

　하지만 인간이 언어를 사용한다는 점에서 보편성을 가지게 된 문학은 모
순되게도 언어 때문에 불평등을 겪는다. 영어권 국가에서 영어로 쓰인 작품과
우리나라에서 한국어로 쓰인 작품 중 한국어로 쓰인 작품이 더 탁월했다고 가
정하자. 그렇지만 그 작품이 영어로 번역되었을 때, 과연 그 작품은 한국어로
표현되었을 때만큼 표현력이 뛰어날 수 있을까? 작가가 고심해서 쓴 어휘가
영어로 완전하게 번역될 수 있을까? 이것이 바로 언어의 보편성을 넘어선 불
평등이다. 이에 르 클레지오는 "그럼에도 이들(한국어)에게나 또는 지배어(영
어) 문명의 작가나 시인들에게 보편성의 문제가 제기되어서는 안 된다고 본
다. (……) 글을 쓰고 작곡을 하는 누구나 자신의 작품이 주변의 한정적인 사
람들에게만이 아니라 모든 사람들에게 들릴 것이라고 확신하면 된다. 즉, 보
편적이고자 하면 보편적이 된다. 보편성은 우리가 결정하기에 달려 있는 것이
다."(『평화를 위한 글쓰기』, 르 클레지오, 민음사, 75쪽)라고 말한다. 그는 그
런 언어적 불평등이 문학의 보편성을 가로막아서는 안 되는데, 이는 작가가
보편성을 추구하고자 한다면 가능하다고 주장한다. 하지만 지배어가 아닌 언
어인 한국어를 사용하는 우리나라 작가들에게 이 문제는 단순히 보편성을 추

구한다고 해결될 문제는 아니라고 생각한다. 문학의 기본적인 요소가 '인간'이라면, 그를 표현하기 위해 고뇌했을 작가들의 노고가 가득한 것이 문학작품이라면 언어의 차이에 의해 불평등한 대우를 받아서는 안 된다. 보편성을 넘어선 불평등이 아니라 불평등을 넘어선 보편성이어야 한다는 것이다.

이런 문제를 해결하기 위해서는 한국어가 세계어가 되는 것이 가장 쉽겠지만(실제로는 불가능하지만), 이는 결국 모든 언어가 공용어가 되어야 한다는 말이기에 타당하지 않은 해결책이다. 문제를 해결할 수 있는 가장 합리적이고 효과적인 방법은 작가 스스로가 자신이 창조한 문학다움을 영어(보편적 언어)로 표현하는 능력을 겸비하는 것이라 생각한다. 작품 속에 담긴 보편성을 가장 탁월하게 전달할 수 있는 사람은 작가 자신이기 때문이다. 다른 언어로 번역을 할 때, 아무리 뛰어난 번역가라 할지라도 일단 자신의 글이 아닌 것을 옮기는 것에서부터 의미나 작품의 분위기 등의 변화가 생길 수 있다. 이는 문학에만 해당하는 것이 아니라 대부분의 글쓰기에서도 마찬가지이다. 물론 작가가 자신의 작품을 번역하고자 하는 국가의 모든 언어를 습득하는 것은 불가능하다. 그래서 최소한 현재 가장 보편적으로 소통될 수 있는 영어로라도 자신의 문학다움을 거의 완벽하게 옮길 수 있도록, 단순히 번역하는 것이 아니라 그 언어로도 표현할 수 있도록 능력을 갖추어야 한다. 이는 이미 도래한 세계화 시대에 문학가들에게 주어진 임무이며 숙명이라 생각한다.

어깨에 스치는 서늘함을 그려낼 수 있는 문학다움이 너무나 부럽다

문학을 왜 하는가. 내게 묻는다면 "나는 지금 작가도 아니고, 작가 지망생도 아닙니다. 하지만 만약 어깨에 스치는 서늘함을 표현할 적절한 어구가 내 머릿속을 스친다면, 나는 주저않고 시를 쓰겠습니다"라고 대답하겠다. 앞에서 살펴보았듯이 사회가 바라보는 문학과는 달리, 작가가 문학을 하는 이유, 그리고 그 문학 속에 담긴 작가가 창조한 언어, 그리고 그것이 가지는 문학의 보편성은 순수하고 아름다운 것이다. 이제까지 문학을 경제적인 잣대에만 비추어 '돈벌이 안 되는 분야'라며 경시해왔지만, 그런 경시를 받기엔 문학이 지향하고 있는 본질과 그 본질을 그려내는 작가의 탁월한 언어능력은 너무나 위대한 것이다. 세상은 쉽게 경제적인 잣대로 모든 것을 판단하려고 하지만, 경제적인 잣대는 모든 것을 판단할 만큼 완벽한 기준이 아니다. 좋은 학벌을 가져 돈을 잘 버는 직업을 가진 사람들이 존경과 부러움의 대상이 되며, 모두가 그렇게 되고자 노력하고 있지만, 비록 많은 작가들이 자신이 쏟아부은 정성만큼의 경제적인 보상은 못 받을지라도 나는 적절한 언어로 자신의 감정과 세상의 모습을 담아내는 문학가들이 정말 부럽다. 그 상황에 어떻게 그런 적절한 표현을 구사할 수 있는지, 얼굴도 모르는 나의 감성을 이토록 자극하는지, 한없이 부럽고 존경스럽다. 다만 작가들께 바라는 것이 있다면, 그런 위대한 힘을 가진 문장을 창조해내는 일을 하는 만큼, 자신의 일에 책임감을 느끼고 인류의 '보편적'인 선함과 윤리를 마음 한켠에 늘 두어달라는 것이다. 세상에 마치 자신만 살고 있는 듯 살아가던 사람이 어릴 때 보았던 시 한 구절이 갑자기 생각나 타인을 배려하고 위하는 삶을 살아갈지도 모를 일이니까 말이다.

2. 문학은 때로는 평온한 초원으로, 때로는 폭풍우와 같은 여러 가지 상황을 제시해, 현실을 이겨내게 하는 힘을 가지고 있는가?

1장의 물음이 "왜 문학을 하는가?"였다면, 2장의 물음은 "문학을 왜 읽는가?"라고 할 수 있다. 전자가 작가의 입장에서 문학을 하는 이유에 대해 살펴본 것이라면, 후자는 독자의 입장에서 문학을 읽어야 하는 이유, 문학이 필요한 이유를 알아보는 것이다. 작가가 아닌, 그리고 학교에서 문학교육을 받고 있는 청소년의 입장에서 왜 문학을 읽어야 하는지, 왜 문학을 공부해야 하는지에 대해 더 솔직하고 명확하게 나의 입장을 밝히고 싶다.

현재 문학교육의 현장에 살아가고 있는 청소년으로서 문학에 다가가기 힘들게 하고, 문학을 이해하기 어렵게 하는 교육의 문제점을 이야기 하는 것은 너무나 절실히 필요한 것이라 생각한다. 우리가 왜 문학을 배워야 하고 문학이 왜 중요하며 문학의 힘이 무엇인지를 이야기 하지 않으면, 문학을 멀리하는 분위기는 사라지지 않고 더 심각해질 것이라 느꼈기 때문이다.

현 문학교육체제에서도 문학을 좋아하고 즐기는 청소년들은 나의 의견에 농의하지 않는 부분이 있을 수도 있고, 그렇기에 나의 시각과 의견이 청소년 전체를 대변할 수 있을 것이라고는 생각하지 않는다. 다만 책보다 영상이 훨씬 익숙한 시대를 살아가고 있다면, 그리고 현재와 같은 문학교육을 받고 있다면 문학이 과연 필요한 것인지에 대한 의문을 품었던, 나와 같이 생각하고 느낀 사람이 결코 적지 않을 것이라 확신하며, 앞으로 서술할 대부분의 입장은 이와 같은 입장임을 명시한다.

인간이 창조한 문학은 다시 인간에게 무엇을 되돌려주고 있는가?

우리는 도대체 왜 문학을 읽는 것일까? 감동을 얻기 위해서라면 글을 읽어야 하는 수고로움 없이 시각과 청각으로 더 많은 감성적 자극을 주는 영화나 연극, 드라마나 뮤지컬을 보면 될 것인데, 왜 인간은 그러한 문화를 창조하고서도 문학읽기를 그만두지 못하고 있는 걸까? 그에 대한 답을 찾기 위해서는 문학의 의미가 무엇인지를 알아야 한다. 문학이 인간의 삶에 어떤 의미를 주는지 안다면 언어를 사용하기 시작할 때부터 지금까지 문학을 계속해서 읽어온 이유를 알 수 있을 것이기 때문이다. 과연 문학은 인간에게 어떤 의미인가?

> **장영희** : 남의 이야기지만 '인간이 이럴 수도 있겠구나. 만약에 이런 상황에 처한다면 정말 이렇게 행동할 수도 있겠구나.' 하고 인간에 대한 이해를 하는 것. 그것이 문학의 궁극적인 목적이라고 생각하거든요.
>
> 그래서 문학이라는 것은 하나의 대리 경험이에요. 우리가 태어나서 모든 경험을 다하면서 그 경험 끝에 어떤 교훈을 얻으면 그것은 굉장히 바람직한 경우가 되겠지만, 우리의 인생은 짧고, 나 같은 경우는 기동력도 부족하잖아요. 이럴 때 문학작품을 통해서 많은 경험을 하고, 많은 사람을 만날 수 있는 기회와 그 사람을 이해할 수 있는 기회를 부여받는다면 문학을 배우는 목적은 이것만으로도 충분치 않을까요?
>
> ─『주제와 변주1』 장영희 선생님 편, 320쪽

주제와 변주에서 장영희 선생님께서는 문학이 자신이 가보지 못한 세계를 보여주기 때문에 문학을 읽는다고 하셨다. 여기서 말하는 문학은 '인간'을 기본 전제로 한다. 문학을 통해서 대리경험을 할 수 있는 이유는 바로 문학이 인간을 이야기하기 때문이다. 작가가 살고 있는 시대와 공간에 따라 그 모습은 조금씩 다를 수 있으나, 똑같이 숨을 쉬고 잠을 자고 고통을 느끼고 기뻐할 줄 아는 사람의 이야기이기에 시공간을 넘어서 공감과 감동을 자아내는 것이다. 하지만 영화나 뮤지컬 또한 인간의 이야기를 담아낸 것이고, 그렇다면 반드시 문학만이 이러한 의미를 가지는 것이 아니라는 의문이 들 수 있다. 문학을 읽는 이유를 가지 못하는 공간을 가볼 수 있는 '대리경험'에서 찾았다면, 그것은 다른 장르에도 역시 해당되는 것이기에 적절한 답이 될 수 없어 보인다. 그러나 모든 장르의 예술에서 기본적인, 가장 기초적인 초석이 되는 것은 문학이라 생각한다. 문학의 상상력을 구체화하여 영상화한 것이 영화요, 춤과 노래로 표현한 것이 오페라이다. 그렇기에 문학은 인간의 모습을 가장 충실하게, 혹은 가장 적나라하게 담아내고 있다고 할 수 있다.

그런데 문학이 순수한 이유로 창작되기 시작한 것은 얼마 되지 않았다. 특히 서양에서, 18세기 이전만 해도 문학은 귀족과 왕권을 보호하기 위해 문학인들에게 보수를 주며 '만들어진' 것이었다. 이를 설명하고 있는 어느 학생의 글을 살펴보자.

문학은 18세기에 부르주아 세력이 대두하면서 발전하게 된다. 귀족이 판을 치고 왕권이 강할 때 문학인들은 '권력층'의 권력을 보호하기 위한 책을 쓰고 그에 상응하는 보수를 받는다. 즉 문학이 권력에 포함되어 있는 이 시기에는 문학이 쓰이는데 이유가 있고 써 먹을 곳이 있었다.

그런데 18세기 이후 권력을 유지하는 데 필요한 지식이나 정보를 전달, 보급하는 역할을 맡던 문학이 18세기를 기점으로 정치와 멀어지면서 일반적으로 말하는 문학으로 변한다. 정치에서 벗어난 문학은 써먹을 데가 없기에 우리를 억압하지 않는다. 유용한 것은 많은 사람들이 그것을 가지기 위해 노력하고 결핍시에는 답답함을 느끼지만, 유용하지 않은 문학은 그렇지 않다는 것이다. 공감과 감동을 목표로 하는 유용하지 못한 문학은 인간을 억압하지 않기에 인간을 억압하는 모든 것들을 보여주고 그로 인해 감동을 얻고 우리 삶에 반성을 할 수 있게 된다. 또, 자신과는 다른 삶을 보여줌으로써 몰랐던 지식을 알게 되고 앞으로 자신이 해야 할 일을 제시해준다.

-『한국문학의 위상』을 읽고, 곽동현

문학의 쓰임새가 시대를 따라 변하면서 정치와 멀어지게 되고, 그 역할이 '유용하지 못하게' 되었을 때 비로소 다른 삶을 보여주는 대리경험적 성격을 띠게 되었다고 『한국 문학의 위상』은 설명한다. 그런데 앞에서 정의를 내렸듯 문학이 인간을 담고 있는 것이라면 18세기 권력의 수단이었던 문학은 과연 진정한 문학이라 할 수 있을까? 인간을 전제로 한, 즉 인간의 모습을 담고 있어서 공감을 주는 것이 문학이라는 정의하에서는 18세기 이전의 문학은 '문학'이라 할 수 없다. 그래서 18세기 이전과 그 이후의 '문학'의 개념이 바뀌었다는 것을 감안해야 한다.

프랑스 대혁명 이후, 문학과 정치가 대립하기 시작하면서 문학에 대한 개념이 재정립되었고, 우리나라에서도 조선시대 후기에 과거제가 폐지되면서 더 이상 독서를 통해 권력에 이를 수 없게 되었다. 문학(literature)이라는 어휘는 12세기 초반에는 글쓰기, 15세기에는 지식의 총체, 18세기가 지나서야 '미학적 선입관'을 가지고 쓰인 작품이라는 오늘날과 비슷한 의미를 갖게 된다.

-『한국문학의 위상』을 읽고, 김수영

물론 18세기 이전의 문학이 정치적으로 만들어진 것이었다고 하지만, 인류의 역사에서 18세기 이전의 모든 문학이 그러했다고 생각하지 않는다. 분명 정치적인 개념인 '문학'은 어느 특정 시대에 만들어진 것이고, 그 시대를 제외한 나머지 시대에는 지금과 같은 인간의 모습을 닮은 문학이 만들어졌을 것이다. 인간의 모습을 닮은 문학이었기에 인간이 그것을 통해 소통하고 감동하며 공감하였을 것이고, 그것이 없었다면 문학이 이토록 오랜 시간동안 생존하지 못했을 것이기 때문이다.

문학에게 사회를 변화시킬 힘이 있다고 하는 것은 과분한 것인가?

문학이 인간의 모습을 담고 있고, 그것이 새로운 경험을 가능하게 한다면 과연 그 경험은 어떤 힘을 가지는가? 인간은 단지 슬픔과 기쁨의 감정을 느끼기 위해 문학을 창조하거나 읽는 것은 아닐 것이다. 문학 속에서 만난 사람이나 세계는 분명 개인 혹은 사회에 큰 영향을 주었을 것이다. 우리나라의 경우를 보아도 일제시대나 민족 전쟁, 그리고 독재정권 아래에서 문학을 창작하기도, 읽기도 어려운 환경임에도 불구하고 문학활동을 멈추기는커녕 더 활발히 한 것은 분명 문학이 주는 힘이 존재하기 때문일 것이다. 그 힘은 어떤 것이며, 인간에게 어느 정도 그 영향이 미치는가?

문학은 인간을 억압하지 않는다. 문학은 억압 없는 쾌락을 우리에게 느끼게 해준다. 인간은 문학을 통하여 억압하는 것과 억압당하는 것의 정체를 파악하고, 그 부정적 힘을 인지한다. 그 인식은 인간으로 하여금 세계를 개조하지 않으면 안 된다는 당위성을 느끼게 한다. 노벨 문학상을 거부했던 철학자이자 작가인 사르트르는 이렇게 말했다. "죽어가는 어린아이 앞에 『구토』는 아무런 힘도 없다." 그러나 당시 프랑스에서 힘을 키우기 시작한 누로보망의 이론가였던 장 리카르두는 이렇게 반박한다. "한 어린아이가 굶주려 죽는다. 물론 그것은 추문이다. 문학도 그 책임에서 벗어날 수 없다. (……) 그러나 『구토』(와 다른 위대한 작품들)는, 단순히 그것이 존재한다는 사실만으로, 한 어린아이의 아사가 추문이 되는 공간을 규정한다. 그 책은 그 죽음에 어떤 의미를 부여한다. 세상 어딘가에 문학이 존재하지 않는다면, 한 어린아이의 죽음이 도살장에서의 어떤 동물의 죽음보다 더 중요할 이유가 없을 것이다."

－『한국문학의 위상』을 읽고, 김소정

윗글에서 알 수 있듯, 사르트르와 같이 문학은 어떠한 힘도 가지지 않다고 여기는 입장을 가진 사람들이 있다. 이들은 문학이 위대한 의무를 띠고 창작되거나 그에 부응하는 힘을 발휘한다고 말하는 것은 사치라고 생각한다. 사실 살펴보면 시대적 특성상 의도적으로 교훈이나 계몽을 위해 쓰여진 글이 아니고서는 대부분의 문학은 그러한 목적으로 쓰이지 않으며, 대부분의 독자도 교훈을 염두에 두고 읽지 않는다. 주제와 변주에서 소설가 성석제 선생님도 이와 비슷한 입장이었다.

> **성석제** : 간단히 말해 이 소설이 우리의 삶에 주는 교훈은 없습니다. 이 소설을 쓰면서 저는 아무런 교훈도 주지 말자고 생각했습니다. (……) 학교에서는 소설을 두고 이 글은 주제가 어떻고 소재는 뭐고 작자의 의도는 뭐고 교훈은 이렇고, 하는 식으로 가르치잖아요? 제 소설을 읽은 독자들이 뭔가 얘기하고 싶은 교훈이 있을 것 같은데 그게 뭐냐고 물어보는 경우가 있어요. 아무리 찾아봐도 잘 모르겠다고 얘기합니다. 그게 잘못된건 아니죠. 제 소설에는 교훈이 없으니까요. 굳이 교훈을 얘기하자면, '내가 쓰는 소설에서 밥맛 없는 교훈 따위는 없애자' 라는 게 교훈입니다.
> －『주제와 변주2』, 제20회 성석제 선생님 편, 369쪽

그렇다면 문학이 힘을 가지는 것은 불순한 것이며 과분한 평가인가? 하지만 문학이 힘을 가지고 있다는 사실을 부정하기에는 그 힘이 너무나 명확하다. 의무와 목적을 위해 창작되지 않은 글이라도 문학은 그 시대의 모순과 감추어져 보이지 않는 곳을 비추고, 다른 입장을 보여주며, 그를 통해 읽는 사람을

생각하게 한다. 그것이 반성이나 성찰의 형태이든, 분노나 기쁨의 형태이든 어떠한 감정을 불러일으킨다는 자체가 이미 문학이 영향을 미치고 있다는 것이다. 즉 문학의 힘은 인간을 계몽하고 구원한다는 거창한 의미가 아니라, 다른 삶과 세계를 보여주고 읽는 자의 감정을 이끌어내고 자신과 세상을 생각하게 하는 힘이다. 이를 보여주는 좋은 예로 아주 먼 옛날에 창작된 신화가 현재 사람들에게 미치는 영향에 대해 정재서 선생님이 말씀하신 것을 들 수 있다.

> 정재서 : 인간은 어떤 위기상황에 처했을 때 항상 원래의 본질, 근본으로 돌아가려는 본능이 있어요. 근본으로 돌아가서 찬찬히 문제를 생각할 때 지금의 어려운 상황을 풀어나갈 수 있어요.
>
> 가령 요즘 여러 가지 문제가 많잖아요. 환경 문제도 그중 하나죠. 우리가 자연을 너무 무시하고, 파괴하고, 이용만 해서 지금 환경 문제가 인간의 생존을 위협하게 됐잖아요. 홍수, 가뭄 등 이상기후 현상도 그 결과라고 하구요. 환경학자들은 자연이 대반격을 한다고 표현해요. (……) 이처럼 과학으로 빚어진 인간 존재에 대한 위기상황 속에서 우리는 인간의 본질에 대해 다시 생각하게 되고 자연스럽게 신화 속의 지혜를 필요로 하게 됩니다. 왜냐하면 신화는 인간이 원래 가지고 있던 본질, 인간이란 과연 무엇인가, 인간이 자연과의 관계에서 어떤 존재인가 하는 것, 등을 우리에게 보여주기 때문입니다.
>
> ─『주제와 변주2』, 제16회 정재서 선생님 편, 201쪽

"지금 내가 여기에서만 빠져서 이 상황에서만 있으면 절대로 헤어나질 못"하기에 문학이 그 상황을 벗어나게 해준다는 설명이 이제까지 말해온 문학의 힘을 가장 잘 표현할 것 같다. 신화뿐만 아니라 문학은 때로는 평온한 초원으로, 때로는 폭풍우와 같은 여러 가지 상황을 제시하는 또 하나의 세계라는 의미에서 현실을 살아갈 수 있는 힘을 주는 것이다.

우리는 문학을 낱낱이 분해하고 투시하려는 교육이라는 렌즈를 통해 만날 수밖에 없는 것일까?

하지만 현재 시행되고 있는 교육에서의 문학은 이러한 힘을 가지고 있지 않다. 문학은 새로운 세계를 보여주는 본래 기능 대신 낱낱이 분해되어 해석되고 있고, 그러한 작업의 주체인 교육체제는 우리에게 문학을 느끼기 이전에 정해진 정답을 찾아내라고 요구하고 있다. 현 교육체제에서 문학을 해석하는 것에 익숙해진 아이들은 문학을 통해 감동받는 것을 어려워하며, 심지어 두려워 피하기까지 한다. 그래서 인류의 역사와 함께한 문학의 위대한 힘을 억누른 '대단한' 현 교육체제는 문학으로 새로운 세계를 만나고 소통하여 꿈을 꾸어야 하는 청소년들의 권리를 빼앗아갔다는 생각도 든다. 이러한 현 교육체제의 잘못된 부분에 대해서는 학생들뿐만 아니라 주제와 변주를 다녀가신 많은 선생님들께서도 공감하셨다.

이정민 : 학생들이 시를 가장 많이 접하는 곳은 교과서나 참고서거든요. 그런데 시는 운율이 어떻고 또 이 시의 주제는 뭐고, 등등 이렇게 나와 있잖아요? 시인님이 생각하시기에, 만약 시인께서 학생들에게 시가 무엇인지를 가르치신다면 어떻게 하실 것 같아요?

김선우 : 교과서에서 얘기하는 시에 대한 얘기들을 일단 싹 잊으세요. 학교 수업시간에 시를 접하면서 '시의 개념은 무엇이고, 시의 이미지는 어떻고, 표현은 어떻고, 수사가 어떻고, 내포와 외연은 어쩌고' 이런 종류의 얘기는 시를 이해하는 데 그다지 도움이 되지 않아요. 아니, 시는 기본적으로 이해하는 장르가 아니에요. '이 시의 주제는 이러이러해. 이 시의 운율, 음보, 비유가 어떻고' 하는 식의 빨간펜 들고 밑줄 좍 그으라고 강요하는 문학수업들이 사실은 정말 행복하게 시를 향유할 수 있는 능력으로부터 여러분을 가장 멀찍이 데려다놓는 것 같아요.

-『주제와 변주1』, 제10회 김선우 선생님 편, 533쪽

하지만 반면 현 교육체제 또한 문학을 알아갈 수 있는 과정이라는 의견도 있었다. 교육체제를 탓하지만, 사실 문학에 대한 선입견을 가지고 있는 학생들이 그저 교육제도 탓만 하는 자세 또한 문제가 있다는 이야기이다.

> **이슬아** : 교과서적인 문학공부가 과연 어떠한 의미가 있는지 선생님께 여쭈어보고 싶었습니다.
>
> **장영희** : 인간의 마음은 청개구리 같은 데가 있어요. 그냥 소설책을 재미삼아 읽거나 그에 대해 전혀 기억할 필요가 없다고 생각하면 오히려 기억이 더 잘 나거든요.(웃음) 그런데 글을 읽고 주제문을 찾고 문제를 풀어야 한다면 부담이 되는 거지요. 기억하려고 노력하면 기억이 잘 안 나고, 그렇게 의도적으로 노력을 하다 보면 오히려 중요한 부분을 많이 놓쳐요. 머리로만 읽게 되고 마음으로는 읽지 못하니까요. 그게 사실은 비극이라고 할 수 있겠지만 다 읽기 훈련의 과정이에요. 그런 연습을 하다 보면 나중에 작품을 읽을 때 일부러 찾지 않아도 글의 구성이나 주제나 목적 등이 보이거든요.
>
> ―『주제와 변주』, 장영희 선생님 편, 329쪽

물론 문학을 공부하는 데 이론적이고 방법적인 것을 배우는 것도 중요하다. 이를 배우고 난 뒤에 자유롭게 문학을 읽고, 글을 쓴다는 말도 일리는 있다. 하지만 현재 우리나라에서 12년간 배우고도 말 한 마디 제대로 못하는 벙어리 영어교육이 문법 위주의 공부방법 때문이듯이, 문학교육도 마찬가지로 문학을 느낄 줄 모르는데 방법론부터 배우고 있는 현실이 과연 옳은 것인가? 한글을 배울 때 맞춤법부터 공부하지 않는다. 어느 정도 말을 하고 쓸 줄 알게 되었을 때, 더 정확하고 체계적인 언어를 구사하기 위하여 이론적인 것을 배운다. 이처럼 문학도 제대로 읽을 줄 알고, 감동할 줄 알게 된 후에 이론적인 것을 배워야 한다고 생각한다.

그렇다면 쉽게 변할 것 같지 않은 문학교육체제에서 학생의 자세는 어떠해야 하는가? 자신의 주관적인 감상으로 시나 소설을 해석하는 것과 정해진 해석과의 괴리는 어떻게 극복할 수 있는가? 이를 고민해야 하는 사실 자체가 슬픈 현실이지만, 박정대 시인은 자신의 확고한 주관을 믿는다면, 그것은 요구하는 답과 크게 차이나지 않을 것이라 이야기한다.

> **박정대** : 그리고 아까 질문 중에 하나가 '왜 나는 이렇게 느끼고 해석하고 싶은데, 저렇게 이해하고 해석해야만 소위 정답에 가까워지느냐'였는데, 그 질문은 아주 본질적이고 중요한 것이거든요. 저도 그걸 아주 소중하게 생각하는데, 아까도 얘기했지만 여러분한테 지금 가장 절박한 시는 이성친구가 보내오는 문자 메시지라고 했죠? 자기가 받아들이는 것이 사실 가장 중요해요. 자기가 받아들이는 것…… 근데 그것이 왜 정답이 안되냐 하면, 그렇게 되면 문학에 대한 정답은 애초에 있을 수가 없잖아요. 백 가지 사람이 백 가지 생각으로 한 작품을 받아들일 테니까. 그래서 많은 사람들의 검증을 거쳐서 '이거는 어떤 사람이 읽더라도 요런 부분은 공감하지 않겠느냐' 그런 보편적인 걸 얘기하다 보니까 아주 독특하고 개성적인 해석이 보편성하고는 거리가 생기는 그런 현상인 거 같아요.
>
> —『주제와 변주1』, 제6회 박정대 선생님 편, 271쪽

그런데 이런 이야기를 하다 보니 문학이 다른 세상을 만나게 해주는 것이라면, 단지 문학을 읽지 않는다고 해서 별 문제될 것은 없지 않다는 생각이 들기도 한다. 문학 대신 발달된 통신과 교통을 통해 쉴 새 없이 보이고 들려오는 세계는 문학에서 만나는 것보다 훨씬 다양하며 빠르게 다가온다. 이러한 세상을 살고 있는 청소년들은 딱히 문학의 필요성을 느끼지 않아도 될 것 같기도 하다.

하지만 문학을 읽지 않는 청소년들과 문학을 읽지 못하게 하는 현 교육체

제를 걱정하고 변해야 한다는 목소리가 끊이지 않는 것은, 매체를 통해 들려오는 세계와 문학 속의 세계는 다르기 때문이다. 매체를 통해 들려오는 소식들은 '사실'에 불과하다. 사실은 사실 이상의 어떠한 감정을 전달하지 않는다. 오늘 아침 뉴스에서 이스라엘에 폭격이 있었다는 사실은 화면을 통해 들려오는 지구 반대편 이야기일 뿐이다. 하지만 이스라엘 소녀와 팔레스타인 소년의 관계를 그린 소설 『가자에 띄운 편지』(발레리 제나티, 낭기열라)에서 이스라엘에 가해진 폭격은 바로 나의 옆에 떨어진 폭격이며, 나의 두려움이고 나의 슬픔이다. 소설을 읽는 동안 읽는 '나'는 소설 속의 주인공이기 때문이다.

> 문학은 문학만을 위한 문학도 아니며 인간만을 위한 문학도 아니다. 그것은 존재론적인 차원에서는 무지와의 싸움을, 의미론적인 차원에서는 인간의 꿈이 갖고 있는 불가능성과의 싸움을 뜻한다. 이 시대의 청소년들이 '문학'이라는 과목을 싫어하고 언어영역 점수 올리기에 급급하여 문학을 공부하는 것과는 별개로, 문학은 우리에게 꼭 필요한 것이며 인간을 총체적으로 파악하게 만드는 것이다.
>
> ─『한국문학의 위상』을 읽고, 이슬아

이처럼 문학은 단순히 공부해야 할 대상이 아니다. 그리고 단순히 세상을 '보여주기'를 제공하는 것이 아니다. 문학은 '사실'이 아닌 '진실'을 전달하는 것이며, 나와 타인을 묶어주는 중요한 고리 역할을 하는 것이다.

문학은 지구 반대편의 소년과 나를 이어줄 수 있는가?

문학의 바탕인 '인간'이라는 기본적인 특성은 읽는 자로 하여금 다른 세상, 그리고 다른 사람의 입장에 살게 하는 중요한 역할을 한다. 지구가 하나의 마을이 되고, 그러면서 더더욱 혼자서는 살아갈 수 없게 되었기 때문에 현대를 살아가는 사람들은 타인을 인정하고 존중할 줄 알아야 한다. 전쟁, 빈곤, 환경오염 등 반드시 해결되어야 할 지구상의 많은 문제들은 전 세계 모든 사람들이 함께 풀어야 하는 지구 공동체의 문제이다. 하지만 사람들은 지구 반대편의, 그리고 경제적으로 약지인 나라의 사람들에게 일어나고 있는 일들에 쉽게 책임을 느끼지 못한다. 이는 '사실' 만이 만연한 현대사회가 낳은 결과라 생각한다. 사실은 어떤 인간적인 요소도 첨가되지 않은 것이며, 사실이라 해도 '진실'이 아닌 경우도 많다. 강한 자의 입맛과 이익에 따라 선별되어 보여지는 사실들은 사회의 많은 모순들을 감추고 보여주지 않는다. 물론 문학이 진실을 보여준다고 해서 강자에 의해 약자가 억압받고 차별받는, 마치 인류의 숙명인 듯한 이 이 모두를 해결할 수 있는 전지전능한 것은 아니다. 하지만 적어도 타인의 입장과 세계를 보여주고 느끼게 하여 인간을 인간답게 하는 중요한 역할을 할 수 있을 것이다. 그렇기에 '사실'을 넘어선 '진실'의 장(場)인 문학은 반드시 인류가 살아 있는 한 계속되어야 하며, 이 중요성은 반드시 더 커져야 할 것이다.

3. 문학수업이 토론식에다 지식이 아닌 느낌을 준다면, 과연 우리들은 주체적이고 능동적으로 수업에 참여할까?

꿈을 꾸지 못하는 사람들

이제까지 우리는 문학이 가지고 있는 커다란 힘에 대해 이야기했다. 그리고 그 힘은 사람들이 더 넓은 세상을 살아가게 될 미래에는 더 강해져야 한다는 것을 이야기했다. 인간-인간 혹은 인간-세계라는 소통의 창이 되어주는 문학의 의미를 인정하고 나면, 한 가지 어려움에 봉착하게 된다. 제 아무리 문학의 힘이 대단하다 하더라도, 문학을 읽지 않고, 여전히 사람들이 문학을 중요시하지 않는다면 문학의 의미니 힘이니 외치는 것은 아무런 소용이 없다는 말이다. 그리고 대다수가 문학의 가치에 동의한다 하더라도, 현재 사회·문화적 요소는 문학을 읽지 못하게 할 것이다. 그 요소 중 하나가 영상문화이다.

영상세대라 불리는 우리들은 이미 자극적이고 즉각적인 것에 익숙하고 민감하여 문학에 쉽게 손을 뻗지 못한다. 활자보다 훨씬 접하기 쉽고 편하게 즐길 수 있는 영상이 더 보편화되는 것은 어쩌면 시대의 흐름상 당연한 것일 수 있다. 마치 그림을 그려 자신의 역사를 기록하던 것이 문자로 변하고, 뼈에 새기던 것이 종이로 옮겨 왔듯이. 그런데 변화하는 과정이라 그렇다고 설명할 수는 있지만, 여전히 영상시대에 활자문학이 중요하다고 새삼 강조하는 것은 영상이 가지는 한계와 그 한계를 반드시 활자문학이 보충해야 한다는 이유 때문이다. 영상이 가지는 한계는 '보여주는 것'에 있다. 시각적으로 보여지는 영상은 상상력을 제한한다. 소설이 영화화되는 경우가 많아지고 있는데, 그런 영화가 나올 때 소설을 먼저 읽었던 사람은 상상했던 것과 인물이나 배경이 다르다고 느낀 적이 있거나 그렇게 느꼈다고 말한 사람을 본 적이 있을 것이다. 하지만 그 영화를 본 후 원작을 읽으면 이미 보았던 주인공과 배경을 전제로 읽을 수밖에 없다. 영화의 이미지 없이 문학을 통해 상상하면 개인마다 달라질 수 있는 세계가, 영화를 본 후에는 좀 더 구체적이고 사실적이겠지만 그것을 본 사람은 거의 동일한 세계를 떠올리게 된다. 이처럼 영상을 먼저 접하고, 많이 접하게 된 오늘날에는 상상력, 나아가 사고력의 한계에 도달하게 될 것이다.

문학이 중요치 않게 여겨지는 또 하나의 이유는 개인의 부귀와 명예를 위해 경쟁만을 요구하는 사회에서 사람들은 타인을 배려해야 한다고 생각하지 않는다는 점이다. 어떤 이들은 머릿속으로는 알고 있지만 실천은 하지 못하는 사람들이고, 더 솔직한 사람들은 자기 밥그릇 챙기기도 바쁜 삶이라고 말한다. 눈앞의 입시에서 최고의 성적을 받아야 하는 자신과 부모님을 비롯한 많은 사람들의 기대를 짊어지고 있는 청소년들 역시 자신이 아닌 타인, 그리고 자신이 살고 있지 않은 세상을 바라보는 것은 너무나 힘이 든다. 하지만 인간은 애초에 혼자서는 살아갈 수 없는 존재이기 때문에, 타인을 배려하지 않고 자신, 혹은 자기 집단만을 위한 삶을 살면 반드시 그 여파는 자신에게 돌아오게 되어 있다. 예를 들어 자기 나라의 환경을 위해 공장을 해외로 이전시키는 것은 지금 당장은 국가의 쾌적함을 유지하게 할지는 모르겠으나, 결국 세계 전체의 환경오염으로 인해 피해를 입게 되는 것이다. 이러한 이유에서 우리는 타인을 배려하지 않고 살아갈 수는 없다. 그러므로 타인의 입장이 되어볼 수 있는 통로인 문학을 중요하게 생각하지 않을 수 없다.

이러한 것들 외에도 많은 요소들이 문학의 근본적인 의미를 거부한다. 앞서 말한 영상매체를 비롯해 새롭게 탄생한 많은 문화 콘텐츠, 방법적인 것만 가르치는 교육제도, 경제적인 것이 모든 것의 지표가 되어가고 있는 사회 풍조 등이 그러하다. 특히 경제적인 것 이외의 가치를 경시하는 현대사회에서 문학은 경제적 잣대에 의해 소위 '밥벌이 안 되는' 것으로 무시당하고 있다. 이러한 분위기는 문학이 영상매체의 등장에 소외당하는 것을 막지 못하고, 교육에서도 문학이 그 본질이 아닌 점수를 매기기 위한 수단으로 전락하고 있는 것의 심각성을 느끼지 못하게 한다. 그리하여 사람들, 특히 청소년들에게 문학을 접할 기회를 빼앗아 가고 이는 더욱 문학을 경시하게 되는 악순환의 고리로 계속해서 이어지고 있다.

문학을 읽을 기회를 빼앗긴 것은 꿈을 꿀 수 있는 기회를 빼앗긴 것과 같다. 꿈을 꾸는 것이 중요한 이유는 앞에서도 여러 번 거론했듯이 꿈을 꾼다는 것은 타인과의 만남이고 세상과의 만남이기 때문이다. 과학과 통신이 발달하면서 대면적인 만남은 줄게 되고 세상은 소통과 이해가 절대적으로 부족하여 점점 더 삭막하고 각박해지고 있다. 그렇기에 문학은 완전한 해결책은 아니지만 분명 중요한 역할을 할 것이라 했다. 지금과 같이 문학의 중요성을 느끼지 못하는 상황은 분명 고쳐야 할 것이며, 그 해결책은 기회를 빼앗긴 사람들의 입에서 나올 때 가장 절실하고 현실적인 것이 될 수 있다. 특히 누구보다 꿈을 꾸는 것에 목마르고 절박한 이 시대의 청소년들은 더욱 그러하다. 하지만 그런 목마름이 어디서 오는지조차 알지 못하는 현대의 청소년들이 문학을 중요하다고 느끼기 위해서는 어떤 변화가 있어야 하는가?

나에게 감동을 주는 판타지 소설보다 이해할 수 없는 권장목록 속 작품이 더 좋은 것이라 할 수 있는가?

'모든 문제는 교육에서부터 출발한다' 라는 말처럼 문학의 문제도 역시 교육의 문제라 생각한다. 해석과 독해만을 요하는 문학교육은 문학 속의 세상보다 기법과 어조와 같은 겉모습을 바라보게 하고, 문학 속의 인간을 인간으로 만나게 하는 것이 아니라 분석하여 그 성격을 밝혀내야 할 대상으로 바라보게 한다. 5개의 답 속에 수십만 명의 생각을 가두고, 보편적으로 인정이 되었다고 하는 '정답'에 어긋나는 해석은 '다른' 생각이 아닌 '틀린' 생각, 그리고 고쳐져야 할 생각이라고 가르친다. 현재 교육이 이러하다는 사실은 대한민국에서 교육을 받은 사람이라면 대부분 한 번쯤은 느껴봤겠지만, 그래서 자신이 문학에 취미가 없는 것을 교육체제의 책임으로 넘기는 경우가 많겠지만, 무조건 이 제도를 철폐하자고 하는 것은 설득력이 떨어질 뿐만 아니라 바람직하지 않다고 생각한다. 잘못된 제도가 사라진 자리에 어떤 방식의 문학교육을 도입해야 하는지에 대한 논의 없이 무작정 옳지 않다고 말하는 것은 '비방'이지 '비판'이 아니다. 그리고 대안 없이 현 교육방법을 철폐한다면, 결국 그와 비슷한 형식의 교육제도를 조금 다르게 포장하여 만들어낼 수밖에 없다. 이제까지 문학교육의 문제점은 많이 거론되고 있으나 한 세대가 지나도록 별로 달라진 바 없이 여전히 그 방식 그대로 진행되고 있는 까닭은 바로 이러한 교육제도를 대신할 수 있는 대안이 없었기 때문이다. 그렇기에 지금 필요한 것은 더 강력한 비난이 아니라 구체적인 대안이고, 그를 실천할 수 있는 현실적인 방법이다.

물론 이제까지 제시된 대안이 없는 것은 아니다. 문학교육의 문제점을 인식한 사람이 많은 만큼 대안도 그러할 것이다. 모두가 그런 것은 아니겠지만 조사한 바로는 대부분이 '토론식 수업' 혹은 '주체적이고 능동적인' 수업, '지식이 아닌 느낄 수 있는' 수업을 주장하고 있다. 그런데 만약 문학을 필요로 하지 않는, 읽고 싶지 않은 아이들은 과연 이런 수업을 환영할까? 문학수업이 '토론식'에다가 '지식이 아닌 느낌'을 준다면, 과연 문학을 읽고 싶지 않는 아이들은 '주체적이고 능동적'으로 그 수업에 참여할까? 나는 아니라고 생각한다. 물론 이러한 수업이 이상적이고 궁극적인 문학교육의 모습이 되어야 하는 것은 사실이지만, 그것보다 더 근본적인 문제를 해결하지 못하고서 실행된다면 이 제도 역시 '평가'를 위한 수단으로 전락해버릴 가능성이 너무나 높다. 마치 현 논술제도에 맞춰 천편일률적인 답이 나올 수밖에 없는 일방적인 정보

전달을 하고, 주어진 방법에 따라 사고하도록 하는 수업을 하게 된 것처럼 말이다. 그렇다면 이 교육체제를 바꿀 수 있는 가장 근원적인 해결방법은 무엇일까? 과연 문학에 가까이 가려 하지 않는 아이들에게 문학이 어떤 것인지를 어떻게 하면 보여줄 수 있을까?

그것은 자발성이다. 자발성과 '주체성 혹은 능동성'이 무엇이 다르냐고 할 수 있겠지만, 문학을 선택하는 것에 있어서도 자유로운 것을 의미하는 자발성은 훨씬 포괄적이며 근본적인 것이다. 현재 교육은 강제적으로 문학작품을 읽게 하고, 해석하게 하고, 답을 선택하게 하기 때문에 문제가 되고 있다. 하지만 가장 중요한 작품선택에서의 강제성은 인지하지 못하는 경우가 많다. 즉 학생들이 문학을 기피하는 가장 큰 요인은 읽어야 할 것들을 정해주는 '강제성'이라는 것이다.

교과서나 논술시험에서 언급하는 작품만이 옳고 바람직한 것이라 생각하는데, 이는 잘못된 것이라고 생각한다. 사람들은 소위 좋은 문학과 나쁜 문학이 있다고 생각해 '이 작품은 가치 있다, 이 작품은 읽을 필요가 없다'며 구분한다. 가장 좋은 예가 학교나 교육청에서 나눠주는 권장목록이다. 권장목록의 문학작품은 어떤 이유와 기준으로 정해졌는지 알 수 없으나, 그것이 문학사적 혹은 그 어떤 다른 이유에서건 읽는 주체에게 진심으로 읽히지 않는다면, 어떠한 흥미나 감동을 주지 않는다면, 좋은 문학이 아니라고 생각한다. 읽는 사람의 기선을 제압하려는 듯 무슨 말을 하는지 잘 이해할 수 없는 문학들을 권하는 것은 한글을 배우러 갓 학교에 간 아이에게 문장을 던져주며 성분을 해석하라는 것과 다를 바가 없다.

물론 권장목록의 문학작품들이 좋지 않다는 말은 아니다. 그 작품들을 읽고 감동을 받고 여러 가지 감정을 느끼며, 새로운 생각을 하는 사람도 있으며, 그 사람들에게는 분명 그것들은 좋은 작품들이다. 하지만 문학에 대해 한 번도 다가갈 기회가 없었던 교육체제 내의 청소년은 어떤 이유에서인지도 모르는 '꼭 읽어야 할' 권장문학을 읽고 싶지 않은 것은 당연한 것이다. 이해도 할 수 없는 글이 과연 좋은 글이라고 할 수 있는가?

정답을 요구하는 교육, 과연 정답은 존재하는가?

쉽게 '권장목록'에 있는 작품들은 수준이 높고, 가치가 있다고 여기기 때문에 '필수'라는 말이 붙는 경우가 많다. 반면에 청소년들이 비교적 접근하기 쉬운 인터넷 소설이나 판타지 소설 같은 작품에는 '문학'이라는 이름을 붙이지도 않는다. 그것들은 수준이 낮고, 쓸모없는 글도 아닌 글이기 때문에 읽어서는 안 될 것이라 가르친다. 여기서 한 가지 질문을 해보자. 그렇다면 왜 현재 언어영역의 문학 부분에 버젓이 고전문학의 갈래로 설화나 고려속요, 민요들이 들어가 있는 것인가? 이 갈래들은 그 시대에서는 천하고 읽어서는 안 될, 지금으로 비유하자면 무협지나 판타지 소설인 문학도 아닌 문학이었다. 그런데 그토록 수준이 낮았던 글을 교육과정에서 가르치기까지 하는 것인가? 그것들은 왜 '문학'일 수 있는가? 다르게 표현하자면 좋다고 하는, 수준이 높다고 하는 문학의 기준은 무엇이냐는 것이다. 교육과정과 사회에서 인정하는 그 잣대는 누구에 의해 정해진 것이며, 과연 그것은 옳다고 할 수 있는가?

문학을 '인간', '소통', '만남'으로 정의내린 이상, 그런 정해진 잣대는 틀린 것이다. 좋은 작품을 선정하는 가장 중요한 척도는 문학과 인간 사이의 소통, 즉 공감과 대화가 얼마나 잘 이루어지는가가 되어야 한다. 스스로 다가가 문학 속 세상과 소통할 수 있는 문학이 좋은 문학이라는 것이다. 교육은 어떤 문학을 읽든지 아직 세상과 소통하는 것에 서툰 학생들이 더 깊게 사유하고 생각을 넓힐 수 있도록 인도하는 역할만 하면 되는 것이다. 그렇다고 교육이 덜 중요하다는 것이 아니다. 오히려 이런 과정에서 중요한 것은 한 개인이 자신이 생각하는 방향으로 삶을 바꾸는 것이기 때문에, 교육은 큰 역할을 담당하게 될 것이다. 그런 과정이 있고 나서야 비로소 문학의 보편적인 가치를 이야기하는 지금과 같은 교육도 빛을 발할 수 있을 것이다.

이런 교육과정이 시행된다고 하더라도 문학은 어쩌면 기대했던 것보다 작은 힘을 발휘할지도 모른다. 그것이 주는 변화가 너무 미미해서 "역시 문학은 별것 아니었어"라며 의심을 품게 될지도 모른다. 하지만 문학이 주는 힘을 생각하기 이전에 먼저 문학과 소통하려는 노력이 더욱 중요하다. 문학 속의 즐거움과 그 속의 세상, 인간과 만나는 것이 이제까지 이야기한 그 어떤 논리적인 설명이나 주장보다 중요한 것이다. 세상이 정해준 잣대가 아닌 자신이 읽고 싶어 읽게 된 문학은 분명 그 어떤 방법으로든 읽는 자에게 영향을 미치게 될 것이라고 믿어 의심치 않는다.

꿈꾸지 않는 자 청년이 아니다

나는 문학을 전공하고 싶을 만큼 문학을 좋아하지도 않고, 부끄러운 말이지만 문학에 대해 이런저런 이야기를 할 만큼 문학작품을 많이 읽지 않은, 문학시간에나 문학을 접하는 평범한 청소년이다. 하지만 문학에 조금만 관심을 가지면 이런 나도 그 위력을 느낄 수 있을 만큼 문학의 힘은 대단하다. 하나의 세상을 모험하고 돌아오면 또 다른 세상을 만나고 싶게 하고, 그때마다 나의 태도를 돌아보게 하는 문학은 깊은 사유와 삶을 살아가게 하는 힘을 준다. 나를 꿈꾸게 한다. 이러한 경험은 특별한 것이 아니다. 문학 속 세상에서 이런저런 꿈을 꾸는 것은 인간이라면 누구나 할 수 있는 일이다. 왜냐하면 인류는 지금과 다른 세상을, 좀 더 나은 세상을 꿈꾸기 꿈꾸었기 때문에 지금과 같은 세상을 창조했고 지금도 만들어가고 있기 때문이다. 문학은 우리를 꿈꾸게 한다. 그리고 꿈꾸지 않는 자는 청년이 아니다. 고로 문학을 읽지 않는 자, 청년이 아니리라.

역사 · 사회

나를 고발한다

이정민

1. 타인과 나는 어떤 끈으로 연결되어 있을까?

지구 공동체, 서로를 이해한다는 것

전쟁, 가난, 기아. 제3세계에서 벌어지는 이런 고통들에 대해서 차가운 머리만이 아닌, 뜨거운 가슴으로 이해하고 또 포용하려면 우리는 어떻게 해야 할까. 학업을 그만두고 그들의 삶의 터전 속으로 들어가 그들의 고통을 함께 나눌수 없는 지금의 나는 '내가 그들을 위해, 또 그들과 함께 직접 할 수 있는 것은 없다' 라는 말만 반복하며, 이런 용기 없고 무기력한 나의 모습에 매번 실망만 할 뿐이었다. 한편으로는 힘없는 청소년이라는 나의 신분을 통해 정당화해 오기도 했다.

나는 마음으로 그렇게 그들을 동정하고 있었고, 이 땅의 많은 고통들이 사라지기를 바라며 더 나은 세계를 꿈꾸고 있었다. 바로 그 순간, 나는 오만하고 안일한 태도의 나 자신을 발견했다. '조금 더 나은 입장에 있는 사람이 그렇지 못한 사람들을 도와줘야 하는 것 아닌가? 또한 그들도 그러한 두움을 원하는 것 아닐까?' 하지만 그건 나의 착각이었던 것이다. 그들보다 우월하다는 착각속에서 나는 나도 모르게 '제국주의' 적 사고방식을 가졌던 것이다. 내 생각의 의도가 '선(善)' 에서부터 비롯되었다 하여도 그들의 생명과 권리를 우리와 똑같이 존중해준다기보다는 '더 나은 우리' 가 '더 못난 당신' 들을 위해서 기꺼

이 나서서 해결해줘야겠다는 방식의 태도에 가까웠다. 그들의 고통이 무엇인지도 모르고, 어느 정도인지도 모르면서 그것을 마냥 안다고 믿는 나의 모습. 이런 모습의 내가 진정 타인의 고통을 덜어줄 수 있을까. 내가 굶어 죽는 사람들의 심정을 진정으로 이해할 수 있을까. 전쟁으로 하루아침에 가족을 잃을 수 있는 그들의 불안함을 이해할 수 있을까. 그리고 함께 아파할 수 있을까.

> 남의 고통을 고치겠다고 덤벼들지 않는 일, 그냥 그 사람의 고통의 가장자리에 공손하게 가만히 서 있는 일이 중요하다.
>
> – 파커 J. 파머

타인의 고통에 대해 잘 알지도 못하면서 내가 고치겠다고 덤벼들지 않기. 이 말을 우리는 단지 방관하고 관찰하라는 말로 착각해서는 안 된다. 남의 고통을 제대로 알고 느끼는 자세. 이렇게 먼저 고통을 그 자체로, 그들의 입장에서 올바로 보는 자세를 배워야 한다. 이런 자세를 바탕으로 고통속의 타인을 바라보아야만 그 고통의 본질을 알 수 있을 것이며 또한 그 고통의 근본적인 해결책을 찾을 수도 있지 않을까?

지구 반대편에서 일어나는 참혹한 일들은 우리와 어떠한 관계가 있을까? 우리는 그 사람들에 대해 왜 책임감을 느껴야 하는가?

가난한 자와 부유한 자 사이의 격차가 줄어들고, 세계 각지에서 일어나고 있는 전쟁의 아픔이 줄어드는 보다 더 아름다운 세상을 만들기 위해 고통 속의 타인을 도와야 할 책임을 누구든 느끼고 있을 것이다. 그런데 왜 우리는 이런 책임감을 당연시하는 것일까? 저 지구 반대편에서 전쟁으로 인하여 목숨을 잃은 아이가 나와 무슨 상관이 있는 것일까?

『오늘의 세계적 가치』라는 책을 엮은 브라이언 파머 교수는 학생들과 우리의 풍요를 보장해주는 불평등한 대우에 주목했다. 이 책의 서문에 언급되어 있는 바버라 에린라이크라는 여성작가는 "가난한 노동자들이 우리 사회의 주요한 자선가들이다. 그들은 남의 아이들을 돌보느라 제 아이들을 돌보지 않으며, 다른 집들을 반짝반짝 완벽하게 만드느라 수준 이하의 집에서 살고, 인플레이션을 낮추고 주식값을 높여주려고 궁핍을 감수한다. 가난한 노동자에 속하는 것은 모든 사람을 위한 익명의 기부자, 이름 없는 후원자가 되는 것이다"라고 말했다. 바로 이러한 걱정들은 파머 교수 강좌의 중심 주제가 되었고, 그는 물었다.

> "커다란 불평등 세계에서 우리는 어떻게 살아야 하는가? 다른 이들이 상처받을 때 우리는 무엇을 해야 하나? 고통받는 이들에 대한 편안한 이들의 의무는 무엇인가?"
>
> ─『오늘의 세계적 가치』서문

얼마 전 내 동생이 산 축구공은 파키스탄의 5~6세 어린아이들이 1,620회의 바느질을 해서 만든 것이고, 어제 내가 먹은 햄버거의 소고기는 엄청난 숲을 파괴한 후 지구온난화를 일으켜 생물을 멸종시키는 결과를 낳는다. 그리고 아빠가 엄마에게 결혼기념일 선물로 준 다이아몬드는 그것을 생산하기 위해 아프리카의 많은 나라들이 300만 명의 희생자를 낸 전쟁의 원인이었다.

박기범 : 제가 살았던 삶들이 늘 소비하는 것 없이는 아무것도 없는 거예요. 옷, 먹을 것, 내가 쓰는 모든 것, 내가 누리고 이용하는 모든 것. 여러분도 조금만 관심을 가졌다면 다 알 텐데, 이제는 전쟁이 결국은 자본이 일으킨 것이고, 자본이 자신들의 그물망을 넓혀 더 많이 장사하려고, 더 많이 빼앗으려고, 더 많이 팔아먹고 그 위에 서려고, 돈 내고 사지 않고는 삶을 지탱할 수 없도록 사람들을 조각조각 내놓았잖아요. 결국은 내 삶이 온통 전쟁의 근거가 되어버렸구나라는 생각이 들었어요.

이처럼 나를 비롯한 우리 모두는 단 한 번도 보지 못한 지구 반대편 사람들에게 까지도 영향을 끼치고 있는 것이다. 북경 나비의 날갯짓이 미국 뉴욕에서 폭풍을 일으킨다는 나비효과처럼 저 멀리서 고통받고 있는 타인들은 개인 하나하나의 행동으로 인해 고통을 겪을 수도 있다는 것이다. 그렇기에 우리는 그들에 대한 책임감과 연대의식을 느껴야만 하는 것이다. 앞에 말한 것처럼 더 나은 우리가 더 못한 당신들을 책임지겠다는 제국주의적 방식이 아닌, 그들과 '함께' 무언가를 함께하는 방식을 찾아야 하는 것이다. 피부로 직접 그러한 고통을 느끼고 있는 그들 스스로가 자생적이고 자발적으로 변화를 일으킬 수 있도록 함께 노력하는 것. 이것이 바로 내가 그들의 고통을 함께한다고 말할 수 있는 유일한 방법일지도 모른다.

고통받으며 죽어가는 아이들을 위해 나는 무엇을, 어떻게 해야 할까?

타인의 고통의 본질을 느낀다는 것. 그 고통을 올바르게 보는 자세를 지녔다는 것은 실천적 행동에의 가능성을 내포한다. 그 방법에 있어서는 무수히 많은 길이 있을 것이다. 각 사람들이 지닌 가치관에 의해 그들의 행동은 다를 것이며, 그들이 추구하고자 하는 바로 그 가치가 고통 받고 있는 타인에게도 전달 될 것이다. 나는 그 가치가 타인에게 어떠한 방법으로 전달되고 소통될 수 있는지는 매우 중요한 문제라고 생각한다.

조병준 : 아는 신부님이 양로원을 지으셨다면서 '같이 가서 일할까' 하셔서 가봤죠. 신부님께서 여기저기 다니시면서 돈을 모으셔서 양로원을 지었는데 건축비만 40억이 들어갔다고 자랑을 하시는 거예요. 왜 건물을 짓는 데 40억을 쓰죠? 또 한 군데를 찾아갔어요. 원장선생님이 정말 열심히 일하세요. 개도 기르시고, 밤마다 유흥가 돌아다니시면서 빈 깡통과 빈병을 수집해 팔아서 기금을 만들거든요. 그분은 너무 고맙고 존경하는 분이

었어요. 그런데 그분의 마지막 말 한마디가 저로 하여금 또 한 번 실망하게 만들었어요. 그분은 열심히 여기서 일해서 지금 가건물에 있는 우리 형제들을 위해 번듯하게 집을 지어놓고 자기는 또 딴데 가서 일을 시작할 거라더군요. 그렇게 건물이 중요한가요? 지금 중요한 건 이 사람들을 데리고 평생 살 정신이 있느냐 없느냐일 텐데요.

『주제와 변주2』 제11회 조병준 선생님 편, 27쪽

조병준 선생님은 최소한의 가치를 최대한 많은 사람들에게 주는 것도 그 자체로 가치있는 일이라고 생각하고 있음을 볼 수 있다. 그런데 한 가지 질문을 던지자면, 과연 그들은 최소한의 가치만을 지녀야 하는가? 무너져가는 폐교를 대충 살 만한 정도로만 개조한 뒤에 최대한 많은 사람을 수용하는 것이 과연 그들에게 할 수 있는 최선의 길일까? 거의 대부분의 사람들에게 물어보면 부자들이 건물에 40억을 쓰는 것과 가난한 자들을 위한 건물에 40억을 쓰는 것은 분명 다르다고 대답할 것이다. 전자는 아무렇지 않게 당연하게 받아들여질 것이지만 후자의 경우는 굉장한 사치로 느껴지기 때문이다. 가난한 자들은 부자들이 지니는 가치를 지닐 수 없는 것인가? 위 사례를 무시하고 생각해보자. 가난한 사람들은 그들 기준에서 더 나은 가치를 추구할 수 없는 것일까?

많은 사람들이 다양한 가치관을 가지고 있겠지만 내 생각에 가난하고 고통받는 자들이 추구하는 가치와 우리가 추구하는 가치는 달라서는 안 된다고 생각한다. 조병준 씨의 의견이 잘못되었다는 것도 아니고, 무조건 많은 돈을 투자한다는 것에 찬성하는 것도 아니다. 다만, 가난한 자들에게 우리와 똑같은 인권과 가치를 부여해야 하고, 똑같은 행복을 누릴 기회를 제공해야 한다는 것이다. 얼마 전까지 나는 타인을 도울 때 '살 만큼만 도와주면 되겠지' 하는 생각과 함께, 나 자신은 오천 원으로도 하루를 살 수 없지만(식비, 교통비 등 하루에 내가 지출하는 모든 비용을 합친다면) 가난한 사람들은 천 원으로도 하루를 충분히 견딜 수 있다는 어리석은 생각을 했었다. 아직까지 내 주위에 이런 사고방식에서 벗어나지 못한 사람이 많을 것이다. 이런 사고방식으로는 고통 속의 타인을 측은지심의 동정으로밖에 대하지 못한다. 그러나 우리는 반드시 되새겨야 할 것이다. 그들도 또한 우리와 똑같은 가치와 혜택을 누릴 권리가 있다는 것을.

나보다는 너, 너보다는 우리

저 멀리 있는 타인과 나는 보이지 않는 끈으로 연결되어 있으며, 너와 나 또한 보이지 않는 끈으로 연결되어 있다고 말하고 싶다. 타인의 고통을 마음으로 느끼고, 타인에게 나의 가치를 전하여 모두가 함께 행복할 기회를 공평하게 가질 수 있게 되기까지, 그리고 또한 보다 많은 사람들에게 이러한 가치를 전하고 모두가 함께 실천을 하게 된다면 이 세상의 많은 고통은 쉽게 사라질 수 있을 것이다. 나 혼자의 실천은 분명 상대적으로 그 영향이 미약하게 느껴질 수 있다. 그러나 그 가치가 또 다른 타인에게 전달되어 우리의 실천이 함께 이루어지게 된다면 우리는 하나의 혁명을 이룰 수 있을 것이다.

> 나눔은 한번 실천해보는 것에서 시작됩니다. 무언가를 나누는 데 높고 영향력 있는 직책이 필요한 것이 결코 아닙니다. 자기가 주어진 위치에서 최선을 다하십시오. 자기가 있는 곳에서부터 조금씩 노력하다보면 나, 타인, 나아가 세상까지도 바꿀 수 있는 자신을 발견하게 될 것입니다.
>
> —주제와 변주 제24회 박원순 선생님 편

2. 진실이 왜곡되고 있는 지금, 그것에 저항하면서 진실을 꿰뚫어볼 수 있는 눈을 기르려면 어떻게 해야 하는가?

타인이 존재함을 전제로 우리는 나 이외의 많은 존재의 영향을 받고 산다. 특히 국가나 사회, 또는 언론에 의해 하루하루 그것의 절대적인 영향 속에서 살아가고 있다고 할 수도 있다. 그런데 우리는 아무 의심 없이 그 모든 것을 자연스럽게 받아들이고 있고, 그 거대한 물결 속에서 잘못된 부분을 쉽게 발견하지는 못한다. 혹시나 잘못을 발견한다 해도 외부의 절대적인 힘의 억압 속에 놓여있다는 사실을 확인할 수 있을 뿐, 세계평화를 외치고, 나의 자유와 권리를 마음껏 누릴 수 있다고 하는 이 세상에서 지금 이 순간, 또 어떤 모순이 벌어지고 있는지 우리는 알 수 없다.

평화를 외치는 이 순간에도 폭력은 일어나고 있다
'전쟁'이라 하면 보통 국가 간의 전쟁만을 떠올리기 쉽다. 세계대전, 걸프전쟁 또 우리가 겪었던 한국전쟁들을 그 예로 들 수 있다. 내전이라 해도 르완다 내전이나 곳곳의 아프리카 내전 등 종교와 자원 문제를 둘러싼 전쟁들을 떠올릴 것이다. 이렇게 서로 추구하는 가치의 차이나 종교의 괴리를 극복하지 못하고, 또 생존을 위한 자원을 쟁취하기 위한 투쟁이 갈등과 전쟁이라는 형태로 벌어지는 것이다. 그런데 놀라운 사실은 거의 대부분의 사람들이 국가와 국민간에 일어나는 갈등에 대해서는 심각한 전쟁이라고 생각하지는 않는다는 것이다. 또 국가 간의 전쟁의 피해와 영향은 어마어마하지만 국가와 국민간의 전쟁의 피해 정도도 만만치 않게 심각하다는 사실을 우리는 그다지 인식하지 못하고 있는 것 같다. 하지만 이것은 우리의 눈에 확실하게 보이는 국가 간의 갈등보다 잘 드러나지 않기에 더욱 무섭고 또 그 위력이 잠재되어 있는 부분이기도 하다. 그렇다면 과연 국가의 폭력으로 치러야만 했던 희생은 어느 정도일 수 있을까.

하와이대학의 럼멜이라는 학자가 쓴 『정부에 의한 죽음』이라는 책이 있습니다. 이 사람은 얼마만큼의 인간이 국가에 의해서 살해되었는가, 라는 통계를 수집해온 전문가입니다. 국가에 의해 살해된 인간의 수는 이 100년 동안 203,318,000, 즉 2억 명에 달합니다. 이것은 그의 결론입니다. 물론 이 숫자는 과장된 것인지 모릅니다. 과장된 것이라 해서 절반으로 줄여보아도, 결론은 변함 없습니다. 20세기에는 괴물과 같은 국가가 몇 있어서, 그것이 이 무시무시한 통계를 만들어놓은 게 확실합니다. 나치 독일이 600만 명, 혹은 그 이상의 유태인을 살해했다고 말해지고 있는데, 그것도 이 숫자 속에 들어가 있습니다. (……) 그런데 문제는 국가가 누구를 죽여왔는가 하는 것입니다. 만약 살해된 사람이 거의 외국인이라고 한다면, 이것이 가공할 통계라 하더라도 어떻든 국가는 자기 국민과의 처음의 약속을 지켜왔다는 것으로 읽힐 수 있습니다. 각 국가가 적국의 군대를 죽인다고 한다면 그렇게 말할 수 있을 것입니다. 그런데 그렇지 않습니다. 살해된 것은 외국인보다도 자국민 쪽이 압도적으로 다수입니다. 약 2억 명 가운데 129,547,000, 약 1억 3천만 명이 자국민이라는 것입니다.
-『경제성장이 안 되면 우리는 풍요롭지 못할 것인가』, 더글러스 러미스

20세기는 전쟁의 세기였는데, 가장 많은 사람이 살해된 전쟁은 국가 간의 전

쟁이 아니라 국가와 자국민 사이의 전쟁이었던 것이다. 국가는 국민을 보호한
다는 명제는 결코 진리가 아니었던 것이다.

이 이야기를 듣고 때마침 머릿속에 떠오르는 사건들이 있을 것이다. 광주
민주화 운동. 그리고 실미도 이야기 등. 1968년, 혹독한 훈련을 받고 북한에
침투하여 '김일성의 목을 딸' 날만 기다리던 684부대는 남북화해 무드가 조성
됨에 따라 작전은 취소되었고 국가로부터는 버림받았다. 그리고 1980년 5월,
전두환의 신군부는 대학생들을 중심으로 전국에서 날로 거세지는 민주화 시
위를 진압하는 과정에서 전라남도 광주 시민들에 대한 무차별적인 군사작전
을 벌였다. 또한 그렇게 시간은 흘러 1987년 민주항쟁 이후 우리나라는 점진
적인 민주화의 길을 걸어왔다. 이러한 과정을 통해 시민의 자유와 권리는 증
진되어 왔다. 이렇게 우리는 국가의 폭력으로부터 자유로워지는 과정을 거쳐
왔다고 믿고 싶고 또 많은 이들이 그렇게 믿고 있을 것이다. 그렇지만 문제는
여전히 국가의 폭력은 공공연히 행해지고 있다는 것이다.

> "헌법 14조 모든 국민은 거주 이전의 자유를 가진다."
> 2003년 청계천 일대는 '노점상 절대 금지 구역'으로 지정되었다. 경찰
> 4,200명, 용역 직원 2,500여 명, 시구청 공무원1,000명과 노점상 900여 명
> 간의 전쟁. 결국 위의 헌법이 있음에도 불구하고 이 헌법은 무시된 채 강
> 제철거가 시작되었다.
>
> 한국 정부는 용산 미군기지를 평택으로 이전하고 360여만 평을 제공
> 하기로 합의했다. 평택 주민들은 국방부 장관에게 면담을 요청했으나 거
> 부당했고, 공청회에서 항의한 주민들은 연행되고 수배, 벌금형 조치되었
> 다. 2006년 5월 4일. 경찰 1만 1,500여 명, 군인 3천여 명, 용역직원 700여
> 명이 대추리에 투입되어 10시간 만에 행정대집행을 완료하였다. 그로인
> 해 400여 명의 주민, 학생, 노동자들이 연행되고 560여 명이 부상당했다.
> 　　　　　　　　　　　　　　　　　　　　　　　　　-『지식e』(북하우스)

최근의 일이다. 나는 이 소식을 얼마 전 신문에서, 뉴스에서, 그리고 학교선생님들로부터 들었다. 그런데 이 전쟁과도 같은 국가의 폭력이 이렇게 무자비한 정도일 줄은 몰랐다. 억압의 시대는 아직 끝나지 않은 것이다. 게다가 국민을 대표하는 국회의원이라는 사람 하는 말이 '정당한 공권력 행사에 대한 폭력행위에 대해서는 철저한 조사를 거쳐 적절한 조치를 취하라.' 라고 말했다니. 이 같은 사건들은 시민들에 대한 '정당한' 공권력이었지 무자비한 폭력은 아니었던 것이다. 하지만 과연 그러한가? 이는 국가권력이 행사하는 국민에 대한 엄연한 폭력이 아닌가. 도대체 국가라는 존재가 무엇인가? 무엇을 위해 존재하는가? 이런 폭력은 언제까지 지속되어야 하는 것인가?

'국가는 국민을 지켜주기 위해 존재한다' 고 하는 또 하나의 진리로 느껴졌던 이 말은 결국 거짓이었던 것인가. 우리는 이런 모순적인 국가의 한 국민으로서 하루하루를 살아가고 있다. 다만 그것이 가시적인 존재가 아니라 '보이지 않는 힘' 이기에 더 두려울 뿐이다. 이렇게 아직도 우리나라에서는 '국가에 의한' 전쟁이 엄연히 벌어지고 있다. 이렇게 국가는 모든 것을 수단으로 폭력을 행사하고 있는 것이다.

보이지 않는 거대언론과 자본의 견고한 메커니즘 속에서 진실의 눈뜨기

우리는 세상을 살면서 적지 않은 외부 매체의 영향을 받으며 살고 있다. 브라이언 파머 교수가 세계의 지식인 16명과의 토론을 굳이 『오늘의 세계적 가치』라는 책으로 낸 것도, 인디고 서원에서 『주제와 변주』를 책으로 엮어서 출판한 것도, 청소년 인문교양지 《인디고잉》을 만드는 것도, 또 우리가 지금 이 책을 만들고 있는 것도 세상의 보다 많은 사람들에게 각자의 뜻을 전하고자 하는 생각에서이다. 이러한 생각의 전제는 그만큼 책과 잡지를 포함한 언론이라는 존재는 우리의 삶에 굉장히 많이 관여한다는 것이다.

요즈음 영상매체가 발전한 뒤 언론의 영향이 커지면서 그 중요성은 끊임없이 강조되고 있으며 그 힘은 절대적이라고도 할 수 있을 만큼 어마어마하게 커졌다. 그렇기에 거의 대부분의 사람들은 언론을 맹신하게 되며 언론=진실이라는 공식을 지니고 살게 되었다. 저 지구 반대편에서 전쟁이 났다는 보도를 우리는 아무런 의심 없이 받아들이며, 전쟁이 일어나게 된 계기, 그에 따른 희생자 수에 대해서는 전혀 의심하지 않는다. 과연 언론이라는 존재가 우리에게 진실만을 전달하고 있을까?

> **윤정은** ; 그때까지만 해도 미군에 의해 사살된 기자가 21명에 달한다는 얘기가 공식적으로 있었습니다. 미군 탱크가 수시로 시내를 지나다니거든요. 기자라면 본능적으로 사진을 찍고 싶어진다구요. 이게 하나의 그림이 되잖아요. 그러나 사진을 찍으려고 카메라를 들었을 때 전차 위에 탄 미군에 의해 발각되면 그대로 발포가 이루어집니다. 미군이 자기들의 이미지가 찍히는 데 대해 굉장히 민감한 거죠. 그 정도로 보도통제가 이루어지는데, 미군정 같은 경우에는 어떤 기준에 의해서 입맛에 맞는 몇몇 기자들을 선정합니다. 그렇게 선정되어 전투 현장에 투입되면 기자들이 "임베드받는다"고 해요.
>
> 그 기자들이 어떻게 그 현장에 들어가는지를 봤더니, 몇 날 몇 시에 어느 건물에 옥상으로 올라오라고 합니다. 그러면 그 사람들이 차량을 가지고 거기까지 가는 거죠. 미군 헬기가 와서 그 기자들을 태우고 현장에 가는 거예요. 대부분의 기자는 현장에 가까이 접근도 못할뿐더러 도시 내에서도 카메라를 가지고 잘못 들어갔다가는 죽임을 당하는데, 몇몇 기자만 현장에 투입되어 한쪽 군대의 전투력을 과시하거나 그들이 보여주는 이미지를 찍는 거죠.
>
> –『주제와 변주2』 제13회 윤정은 선생님 편, 95쪽

과연 이 언론은 진실을 보도하고 있는 것일까? 그보다 진실을 만들고 조장하고 있다는 표현이 더 알맞을 것이다. 이런 맞춤형 기사를 본 뒤엔 우리는 '미

군들도 원치 않는 전쟁에 참여했구나' 하는 동정심을 보낼 것이지만, 그날 몇십 명, 몇백 명의 이라크 주민들이 죽었는지에 대해서는 알 수가 없다. 미군들의 모습이 거짓이라는 말이 아니다. 다만 그게 사건의 전모가 아니기에, 무조건 올바른 진실이 될 수 없다는 것이다. 우리는 이제 비판적으로 기사를 바라보는 것이 매우 어렵게 되었다. 아니, 거의 불가능하다고 볼 수 있다. 처음 접할 때부터 편견 혹은 권력에 의해 조작된 기사들을 접하기 때문이다. 그렇다면 진정 언론이 추구하는 것은 무엇일까? 그것조차 명확하지 않다.

현대의 언론은 자본과도 떼어놓을 수 없는 존재가 되었다. 그 존재 자체의 본질적인 힘을 잃은 것이다. 언론은 좀 더 자극적이고 자국민들의 입맛에 맞는 기사거리와 사진들을 사기 위해 수억의 돈을 쏟으며, 기자들은 어쩔 수 없이, 만들어진 상황을 사진으로 담게 되는 것이다. 이 사진을 보는 우리 또한, 그 사진이 알리려는 진실 혹은 가치에 대해 알려고 하기보다는 그저 흥미 위주의 소비만 한다는 데 문제점이 있다. 또한 그것을 그대로 받아들이고 '진실'을 찾으려 하지 않는다. 결국 남의 얘기로만 생각하며 다른 사람들의 고통이나 아픔들이 그냥 유포되든지 말든지 그것을 마냥 보고 그치는 상황에 대한 소비. 이 악순환을 어디에서 끊어야 할까. 또 언론의 참모습은 어떠해야 하는 것일까.

김홍희 : 유진 스미스라고 하는 미국 작가가 스페인에 1년 동안 살면서 스페인 빌리지라는 사진을 찍었어요. 그런데 그때 그 사진이 《라이프》지에 기고가 되고, 그 뒤에 그 동네에 병원이 생겼답니다. 그 오지에 정부에서 병원을 짓기 시작했대요. 그 사진에 병원이 등장하지 않았거든요.

그리고 루이스 하인이라는 작가도 이와 비슷한 작업을 했습니다. 1900년대 초반에는 미국의 어린아이들이 노동현장에 끌려가서 일을 했답니다. 루이스 하인이 그 아이들의 사진을 찍어서 미국 국회에 제출합니다. 그러면서 그것이 노동운동과 관련되어서, 몇 살 이하의 아이들은 노동을 시키면 안 된다는 법이 제정되고, 또 하루에 일정 시간 이상은 노동을 하면 안 된다는 법이 제정되기 시작합니다. 그런 것에 일조한 사진들이 종종 있었어요.

-『주제와 변주2』제15회 김홍희 선생님 편, 164쪽

유진 스미스라고 하는 미국 작가의 사진 '스페인 빌리지'라는 잡지에 실리면서 한 마을에 병원을 세우게 하고, 루이스 하인이 찍은 사진이 미국의 노동법을 바꿨다. 이것이 올바른 저널리즘, 언론의 힘이 아닐까? 사진 한 장이 사회를 움직이고 변화를 일으켜내는 힘을 발휘하는 것. 바로 이러한 힘이 이 시대에 필요한 것이다. 모두가 인정하듯 영상의 영향력은 사진을 초월하고 실로 막대하다. 그러니 만약 좋은 방향으로 간다면 더욱 더 큰 변화를 일으킬 수 있다. EBS에서 하고 있는 〈지식채널e〉(자연, 과학, 사회, 인물 등 다양한 소재를 다루어 5분이라는 짧은 시간동안 전해지는 영상)처럼 사람을 변화시키고 나아가 사회를 변화시키는 그런 매체가 되는 것. 우리의 사고와 삶을 지배하는 언론은 분명 그 권력의 방향을 진실과 정의를 위한 것으로 바꾸어야 한다. 그렇게 된다면 우리는 보다 진실에 가까운 진실을 접할 수 있을 것이며 타인의 고통을 찍은 사진을 단지 '소비'만 하거나 그 속의 진실을 간과하는 일도 일어나지 않을 것이다.

3. 모두가 살아 있는 돈키호테들처럼 꿈꾸고 행동하면 이 세상은 변화할 수 있을까?

잘못된 언론의 영향으로 타인의 고통을 찍은 사진을 단지 '소비'만 할 뿐, 타인의 고통을 느낄 수 없는 우리. 가만히 지켜만 보고 있거나, 그들과 쉽게 타협해서는 안 된다. 우리는 끝까지 진실을 알려고 노력해야 하며, 진실을 발견했으나 그 진실이 행해지지 않고 있을 때는 진실이 관철될 때까지 싸워야 할 것이다. 그러나 분명 쉽지는 않을 것이다. 혼자라면 더더욱 물론.

대안은 정말 대안으로 그칠 것인가? : 지금 사회의 제도나 문물 등은 이미 효력을 다한 지 오래다. 과연 대안에 과감히 뛰어들 수 있는 사람은 몇이나 될까?

주성완 : 저희가 같이 책을 읽고 토론을 하면서 고민했던 내용인데요. 간략하게 말하면 이런 것입니다. 우리가 이렇게 선생님한테서 듣고 또 여러 매체를 통해서 어느 정도 잘못된 사실을 알아갑니다. 이라크 내에서도 그렇고 그 이라크전에 국한시키지 않아도 이 사회와 관련된 많은 잘못된 일들을 알아갑니다. 하지만 아무리 가슴에 분노를 갖고 있더라도 거기에 대해서 저항하지 않는다면 현실은 변하지 않습니다. 결과적으로 우리는 억

압적인 현실에 대해 동의한 셈이 되는 것입니다. 그런 개념을 합의 독재라고 합니다.

사실 미군이 이미지를 중시한다고 보는 건 그들이 자신들의 도덕성에 대해서 어떤 치부를 감추고 싶어한다는 뜻임을 알 수 있습니다. 하지만 개개인의 입장 또는 어떤 작은 단체의 입장으로, 아무리 그런 것들을 많이 알아도 당장 우리가 어떠한 행동을 취해서 어떤 도움을 줄 수 있는지 등에 대해서 막연하니까 움직이지 않게 되고, 결국 다시 우리조차도 합의독재하에 있게 되는 사이클을 반복합니다.

-『주제와 변주』 제13회 윤정은 선생님 편, 95쪽

우리는 외부의 영향을 받지 않을 수 없는 반면, 개인의 힘과 영향은 상대적으로 매우 작게 느껴진다. 이런 상황에서 우리가 어떤 행동을 취했을 때 그것이 도움이 될지, 또 그 행동의 방법은 무엇인지에 대한 확신을 가지기 어렵다. 그리하여 내 안에서 혼란이 생기게 되고, 계속 갈등하다가 결국에는 다시 현실에 묻혀서 살아가게 되는 경우가 허다하다. 나의 편한 삶에 마냥 감사하면서 말이다. 그렇다고 해서 이 현실을 계속 회피하고 외면해야만 하는 것일까? 나 개인이 직접 할 수 있는 일은 진정 없을까?

윤정은 : 각자에게 필요한 현실적인 방안으로는, 때로는 촛불시위 나가는 것도 하나의 방법일 수 있습니다. 저 또한 그런 시위에 가끔 동참할 때도 있거든요. 각자 나름대로 고민하고 결정하고, 그 결단에 따라 충실하고 정직하게 해나가는 것 외에, 천편일률적인 어떤 해결책이라는 것은 없는 것 같습니다. 어떤 사람에게는 지금 이 책을 읽는 것이 필요하다면 그것이 해결방안이 될 수 있을 겁니다.

-『주제와 변주』 제13회 윤정은 선생님 편, 108쪽

이러한 굵직굵직한 이슈들, 거시적인 문제들에 대해 평범한 학생인 우리들이 할 수 있는 일이 별로 없습니다. 어마어마한 국가권력 속에서 저라는 한 개인이 할 수 있는 것은 극히 제한되어 있다는 것입니다. 극단적으로 말하자면 전쟁반대 촛불집회에 참석해서 촛불을 들고 있어도 현실적으로 변하는 것은 크지 않다는 것입니다. 이러한 문제를 풀기위한 작은 실마리가 있습니다. "그냥 내가 뽑을 수 있는 플러그들을 뽑아보자. 될 수 있는 대로 기름을 덜 써보자. 나는 이걸로 저항할거야. 전쟁을 벌인 자들이 석유 때문에 저 아비규환을 만들어놓고, 죄 없는 아이들의 생명을 꺾을 때 어쩌면 내가 죽이는 것이 아닐까. 내 삶이, 내가 살아가는 방식이, 내 삶의 양식이.-박기범" 그렇습니다. 우리는 우리의 자리에서, 우리가 할 수 있는 일을 찾아야 합니다. 작년에 우리가 수업했던 『즐거운 불편』에서는 우리가 직접 실천할 수 있는 좋은 예들을 볼 수 있었습니다. 이제 우리에게 남은 것은 '실천하는 것' 뿐입니다. 그러나 동시에 가장 중요한 것 또한 '실천하는 것' 입니다. 우리의 작은 실천 하나하나가 얼마든지 훌륭한 '반전평화운동' 이 될 수 있는 것입니다.

—주제와 변주에서 박기범 선생님의 말을 듣고, 최승규

돈키호테를 허락하지 않는 우리 사회의 경직성을 깨고, 살아 있는 돈키호테가 되자

과연 촛불시위가 힘이 있을까? 과연 봐주기는 할까. 저 멀리서는 하나 둘씩 죽어 가는데 이 자리에서 촛불을 들고 평화를 외치는 것이 전쟁의 총알들을 막을 수 있을까. 나, 너, 우리가 모여 평화를 외치며 하는 작은 일들이 모이고 커져서 큰 목소리를 이룰 수 있으며 나아가 그들에게 직접적으로 영향을 끼칠 수 있는 것이다.

어린이와 평화팀 ; 미국인 신디 시핸을 아시나요? 지난 여름 부시 대통령의

별장이 있는 텍사스 크레포드 앞에서 촛불시위를 벌인 사람입니다. 신디 시핸의 아들은 미군 병사였는데, 2004년 4월 이라크 저항세력에 의해 죽었어요. 그럼 한번 생각을 해보세요. 자기 자식이 이라크 사람에 의해 죽었다고 하면 일반적으로 이라크인에 대해 적개심이 더 들지 않겠어요?

그런데 미국의 대통령은 그의 죽음을 애국적인 죽음이고 고귀한 죽음이라고 말하잖아요. 그런데 어머니가 보기에는 알카에다와 연계도 없고, 그때 마침 미국 국회에서 대량살상무기도 없다는 조사가 나왔거든요. 그래서 잘못된 거짓말로 시작된 전쟁이기 때문에 자기 아들은 고귀한 죽음이 아니라 거짓말로 시작된 전쟁의 희생자라고 하면서 부시 대통령을 만나기 위해서 촛불을 들었어요.

─『주제와 변주2』 제13회 어린이와 평화팀 편, 134쪽

이러한 가능성을 보여준 또 다른 사례가 있다. 사회를 변화시키는 힘을 보여주는 그들은 바로 '돈키호테의 아이들' 이다. 프랑스에서는 8만 6,500명에 이르는 노숙자 문제가 사회이슈로 부상했다. 그리하여 비영리단체인 '돈키호테의 아이들' 은 파리를 비롯해 낭트, 스트라스부르 등 주요 도시에 노숙자 체험을 하기위해 텐트를 설치하였다. '돈키호테의 아이들' 회원들은 그렇게 노숙자 텐트를 쳐놓고 집 없는 시민들에 대한 대책을 요구하고 있었다. 돈키호테의 아이들의 회원들은 평범한 사람들이었다. 본래부터 하나의 집단이 아닌, 노숙자 문제가 해결되어야 한다고 소리치는 사람들이 한 명, 두 명씩 모여 지금은 '돈키호테의 아이들' 이라는 이름 아래 한 목소리를 내고 있는 것이다. 돈키호테. 이루어질 것 같지 않은 일에 부딪히는 사람. 그들은 살아 있는 돈키호테였다. 그렇게 해서 그들은 프랑스 정부가 '주거권 보장 법안' 이라는 것을 의결하도록 만들었고, 집 없는 사람은 국가를 상대로 고소를 할 수도 있다고 한다. 이로써 그들은 프랑스가 세계에서 두 번째로 빈곤층의 주거권을 보장하는 나라가 되도록 만든 것이다.

먼저 나 자신이, 한 개인이 잘못된 것을 발견하고 그것이 잘못되었다고 인식하는 것이 중요하다. 그런 뒤에 자신의 주위, 즉 자신의 영향이 미치는 곳부터 변화하도록 노력해야 한다. 그러다 보면 점점 그 영역은 넓어질 것이고, 보다 더 많은 사람들이 그 잘못을 인식하게 되어 함께 동참하게 될 것이다. 일단 나 개인이 돈키호테가 되어보자. 불가능해 보이는 일에 용기 있게 뛰어드는, 그런 돈키호테가 되어보자. 처음에는 혼자여서 두렵고, 내가 옳은지 확신하지 못하겠지만, 정말 자신이 생각해보았을 때 잘못되었고 옳다고 생각하는 것이 있다면 용기를 내서 그 현실에 뛰어들어보자. 그러면 '나'는 위대한 개인이 될 것이고, 얼마 뒤엔 위대한 우리들이 되어 있을 것이다.

청소년, 우리가 중심이다

우리는 과연 어떤 힘을 지니고 있을까. 우리는 어떻게 행동해야 할까. 매일매일 학교만 오가면서, 숨 막히는 입시제도 아래, 어느 곳에서도 큰 목소리를 내지 못하는 청소년들은 자신들이 힘이 없다는 생각을 과감하게 버려야 한다. 아직 투표도 할 수 없고, 감히 정치에 대해 논할 수도, 참여할 수도 없는 우리들이지만, 미래를 살아갈 우리들은 우리들만의 주체적인 목소리를 가지고 주체적인 의식으로 이 현실에 참여해야 한다. 앞으로의 세상은 이런 우리의 의식으로 펼쳐질 것이기 때문이다. 우리가 중심이 되는 것이다. 또한, 지금 의식한 것들에 지속적인 관심을 가지고, 사유의 끈을 놓지 않아야 한다. 훗날, 더 많은 생각을 하고 더 많은 실천을 할 수 있을 때가 올 것이기 때문이다.

청년, 청년들이여! 인간성을 지켜라, 관용을 잃지 마라. 설령 우리가 틀렸을지라도, 우리와 함께 있으라. 무고한 자가 끔찍한 형벌을 당하고 있고, 분노에 찬 우리의 가슴이 고통으로 찢어졌다고 우리가 그대들에게 말하지 않는가. 비록 한순간일망정 이 한없는 형벌 앞에서 사람들이 오류의 가능성을 인정하기를 간절히 바란다. 가슴이 미어지고, 두 뺨에 눈물이

흐른다. 물론 간수들은 여전히 무정하고 무감하기 그지없다. 하지만 그대들, 눈에는 눈물이 고여 있고, 온갖 비참과 온갖 연민에 민감한 그대들은 어찌된 일인가! 이 세상 어딘가에 부당한 증오를 받으며 죽어가는 순교자가 있을 때, 그대들이 어떻게 그의 대의를 지키고 그를 해방하기 위해 기사도 정신을 발휘하지 않을 수 있단 말인가? 그대들이 아니라면, 도대체 누가 숭고한 모험을 감행할 것이며, 도대체 누가 위험하지만 훌륭한 대의 속에 몸을 던질 것이며, 도대체 누가 이상적 정의의 이름으로 군중에 대항할 것인가? 만일 늙은 기성세대가 그대들의 고귀한 혈기, 고귀한 열정을 대신 불태운다면, 그대들은 얼마나 부끄러울 것인가? 청년들이여, 어디로 가는가, 학생들이여, 어디로 가는가? 거리로 내달리는 그대들, 시위의 물결을 이룬 그대들, 시대의 혼란 속으로 스무 살의 용기와 희망을 던지는 그대들이여……

"이제 우리 함께 가오, 인간과 진실과 정의의 세상을 향하여!"

　　　　　　－『나는 고발한다』〈청소년들에게 보내는 편지〉에서, 에밀 졸라

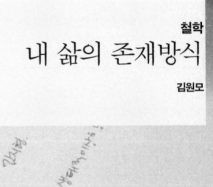

철학

내 삶의 존재방식

김원모

1. 사람은 무엇으로 사는가―행복하게 살아가기

이왕주 : 이런 신의 프로그램에 성실히 복종하지 않는 사람들도 있어요. 말하자면 자동차를 움직이게 하기 위해 기름탱크에 기름을 넣듯이, 살기 위해 억지로 밥을 먹는 사람들이 있다는 거죠. 이들은 결코 먹기 위해서 사는지, 살기 위해서 먹는지에 대해 혼동하지 않아요. 오로지 살아남기 위해 억지로 먹는 사람들이에요. 병자들이거나 몹시 싫어하는 음식을 억지로 먹어야 하는 사람들의 경우죠.

그런데 우리가 삶에 대해서는 모두가 이런 사람들의 처지와 비슷한 태도로 살아가고 있어요. 맛보지 않은 채 목구멍으로 넘기는 음식물처럼, 삶의 시간을 그냥 추억 속으로 흘러보낸다는 거죠. 신은 음식을 섭취하는 것에서는 고통과 쾌락의 감각을 심어놓았지만 삶을 받아들이는 데는 그렇게 하지 않았어요. 그러나 한 사람의 생애가 몽땅 덧없이 흘러가도 본인은 정작 그것이 허망한 삶인지 모르고 끝나는 경우도 비일비재해요.

―『주제와 변주1』 제2회 이왕주 선생님 편, 35쪽

생존을 위한 투쟁으로 인간의 삶을 파악할 때, 인간의 삶은 다른 동물들의 삶과 크게 달라 보이지 않는다. 하루하루의 생존을 위해 들판을 내달리고, 바다를 헤엄치는 다른 동물들과 마찬가지로, 인간은 글을 쓰고, 짐을 나르며, 말을 하면서 하루하루를 연명해간다. 둘 간의 차이는 가공되지 않은 자연에서 행해지느냐, 인간사회에서 행해지느냐의 차이가 있을 뿐, '생존'이라는 '필요'의 논리가 지배하는 치열한 전선 위의 생활이라는 점에서는 크게 다르지 않다.

인간의 많은 행위들은 이처럼 욕구의 지배를 받고, 그 욕구들은 생존을 위한 생물학적 장치라 할 수 있다. 생존을 위해, 인간은 양분을 섭취하고, 적절한 휴식을 취하고, 노폐물들을 배출할 필요가 있는 것이다. 오랜 세월을 거친 진화는 인간의 이러한 필요들을 식욕, 수면욕, 배설욕 등과 같은 육체적 욕구와 연결시켰고, 이러한 욕구들은 인간 삶의 많은 부분에 영향을 미친다. 단순히 말초적인 욕구뿐만 아니라 안락하고 싶은 욕구, 원하는 것을 소유하고 싶은 욕구 등 모두가 생존과 연관된 생물학적 장치라고 할 수 있겠다.

그렇지만 생존을 위한 인간의 행동은 단순히 욕구를 해소하기 위한 행위에 그치지 않는다. 인간은 오히려 생존을 위해 욕구를 억누르기까지 한다. 공동체 속에서 살아가기 위해 인간에게 요구되는 활동들은 때로는 고통스럽기 그지없다. 뛰어놀고 싶은 나이에 강요받는 교육과 생애 내내 요구되는 근로의 의무를 다하기 위해서 인간은 때로는 본능적인 욕구들을 억눌러야 한다. 사회와 체제가 요구하는 조건들에 부합하는 것이 인간의 사회적 생존 조건이라고 볼 때, 이러한 행위 역시 '생존'을 추구하는 행위의 일부로 간주할 수 있는 것이다.

하지만 인간의 삶은 순수하게 생존 그 자체만을 위한 것이라고 말할 수는 없다. 한 생애를 통해 생존을 위한 필수적인 조건들을 성취했다 하더라도, 사람들은 허기짐을 느끼고, 가끔 그 허기짐은 허무감이나 권태감으로 이어지기도 한다. 안정된 생활을 누리는 보통 사람들도 가끔은 일탈의 유혹을 느끼는 현상에 대해서, 인간의 최종 목표를 생존으로만 놓고 본다면 우리는 아무런 설명을 할 수가 없을 것이다.

인간 삶의 진정한 최종목표는 살아 있음 그 자체를 향유하는 것, 즉 행복이라 할 수 있다. 인간이 '내 삶은 살 만하다'고 느끼는 것은, 살아 있음이 기쁘고 즐거운 것을 느낄 때이고, 또 인간이 살아가는 이유는 그런 기쁘고 즐거운 느낌을 가슴에 품기 위함이다. 어린아이든 노인이든, 아는 것이 적든 많든 모두가 살아가는 이유는 행복하기 위해서이다.

이 세상에 단 한 사람이라도 불행을 꿈꾸는 사람이 있을까.

단언컨대, 그런 사람은 없다.

그런 의미에서 '행복'은 I'm dreaming과 꼭 어울리는 단어다.

혹시 불행을 꿈꾸는 사람이 있다면 그것 역시 행복을 꿈꾸는 것이다.

불행을 원하는 사람이 불행을 얻지 못하면 그는 더욱 불행해지기 때문이다. 그런 의미에서 보면, 누구나 행복을 꿈꾼다. 하지만 누구도 행복에 관해 한마디로 정의내리지 못한다.

그것은, 행복은 지극히 개인적인 것이기 때문이다.

그래서 행복은 모두에게 다른 의미를 지니고, 그것은 죽기 전까지 찾아야 하는 것이다.

어쩌면 행복을 찾는 것 자체가 살아간다는 것의 의미일 수도 있겠다.

－《INDIGO+ing》3호, I'm dreaming 중에서

왜 우리는 불행할까?

소크라테스는 다음과 같은 말을 남겼다. "음미하지 않는 삶은 살 가치가 없다." 실제로 그의 시대의 철학자들이 고민했던 화두는 '어떻게 하면 행복해질 수 있을까'였고, 그 후로도, 아니 그 이전에도 그러했고 앞으로의 인류 또한 끊임없이 행복의 문제에 대해 고민하고, 또 생각할 것이다. 어쩌면 인간들의 삶 그 자체가 행복을 찾는 과정일지도 모르겠다.

'삶을 음미한다'는 말만 놓고 봤을 때, 행복에 다가서는 것은 그리 어렵게 보이지 않는다. 많은 어린아이들이 그러하듯, 그저 하루하루 매순간, 살아 있

음 그 자체를 즐기면 될 것 같기 때문이다. 즉, 음식을 만든다든지, 자동차를 운전한다든지 등과 같은 일들은 그다지 복잡한 방법이나 기술, 또는 연습이 필요하지 않은 것처럼 보인다.

하지만 실제 우리의 삶은 어떠한가? 모두가 행복하기 위해 살아가고, 또 행복해지는 것이 쉬운 것이라면, 인류는 모두 행복해야 할 것이다. 하지만 "당신은 행복하십니까?"라는 질문에 모두가 "네, 그렇습니다"라고 대답하지는 않는다. 오히려 "아니오, 그렇지 않습니다"라고 말하는 사람이 더욱 많다. 대체 인간 삶의 최종 목적인 행복을 인간에게서 멀어지게 하는 요인들은 무엇일까?

우리가 불행한 이유에 대해서는 얼마든지 말할 수 있다. 입시가 코앞인데 모의고사를 망쳐서, 처자식을 먹여 살려야 하는데 승진시험에 떨어져서, 사고 싶은 차가 있는데 돈이 모자라서, 시내 유명한 뷰티클럽에서 살을 빼고 싶은데 돈이 없어서, 옆집은 벽걸이형 TV를 보는데 우리 집은 덩치 큰 구식 TV를 봐서……

얼 쇼리스의 『희망의 인문학』에서 미국의 빈민들이 밝히는 불행의 원인들은 다음과 같다.

결여
1. 현재 필요한 것을 사기 위한 돈의 결핍
2. 실질적, 정신적 자본의 결핍
3. 적절치 못한 주거 공간
4. 음식과 신선한 물의 부족
5. 적절치 못한 의복
6. 난방, 온수, 위생시설 부족 등 건강에 좋지 않은 생활 조건들
7. 의료혜택 접근 불능
8. 교육의 결핍

9. 안전하지 못한 환경

10. 소통의 결핍

11. 만족스럽지 않은 사회 생활

12. 문화적 대상의 결여

억압

1. 일생 동안, 그리고 다음 세대에까지 이어지는 영속적인 패배

2. 시민권의 의무와 보상으로부터의 소외

3. 위압에 대한 복종

4. 의지할 곳 없음

5. 힘 있는 사람들에게서 받는 멸시

6. 지역사회에서 애도받지 못하는 죽음

7. 음식, 의복, 주택, 직업, 거주지 여가 등에 있어서의 한정된 선택

8. 육체적 즐거움의 축소

9. 복종이나 폭력에 대해 제한된 반응

10. 결혼과 가족생활을 통해 누릴 수 있는 향유를 방해받음

11. 교육으로부터의 소외, 훈련으로 한정되는 학교교육

12. 대체 가능물, 즉 경제적 측면에서는 사람보다는 상품에 가까움

-『희망의 인문학』, 55쪽

이들이 속한 '미국의 도시빈민'이라는 계층은 모든 인간을 대표하기에 지나치게 한정된 집단 같기도 하다. '빈민'이라는 계층부터가 불행하기 위한 특수한 조건을 내포하고 있다고 여겨질 수도 있기 때문이다. 하지만 이들이 말하는 불행의 원인들은 몇 가지를 제외하면 충분히 보편적이다.

그들이 밝힌 '결여와 억압'이라는 불행의 원인들을 분류하자면 다음과 같다. 먼저 내가 가지지 못한 것을 남이 가지고 있는 데서 오는 불평등으로부터

비롯되는 괴로움, 원하는 일을 하지 못하는 데서 오는 괴로움, 그리고 스스로 인간으로서의 지위가 위협받고 있다는 느낌에서 오는 불안감이다. 이 세 가지의 괴로움들은 대부분의 인간에게 불행의 원인으로 작용하고 있음에 틀림없다. 따라서 우리의 행복이 실종된 이유를 이 세 가지 원인을 분석함으로써 찾아보고자 한다.

우리 주변에 가장 흔한 불행은 내가 가지지 못한 것을 남이 가지고 있는 데서 오는 부정적 감정에 의한 것을 생각해 볼 수 있다. 남과 나를 비교하는 행위는, 보통 남이 가지고 있는 데 나는 가지지 못한 것과 관련하여 행해지기 때문에, 이는 결국 스스로 '왜 나는 불행한가' 라는 의문을 던지는 행위가 되어버린다.

그리고 타인보다 모든 면에서 우월한 삶을 살 수 있는 사람은 없으므로, 남과 나를 비교하는 인간은 자신이 실제로 얼마나 풍족한 삶을 누리고 있는지와 관계없이 자신의 삶을 불행하다고 입증해줄 만한 이유들을 쉽사리 찾아낼 수 있는 것이다.

이러한 타인과 자신의 비교를 통한 불행의 무한증식은, 효율적인 사회를 만든다는 미명 아래 우리 사회 곳곳에서 이루어지고 있는 경쟁과 떼놓고 생각할 수 없을 것이다. 즉, 경쟁이라는 것 자체가 인간들에게 순위를 매기고, 또 높은 순위를 얻기 위해 남과 비교하여 보다 우월하도록 강요하는 체제 속에 우리는 살고 있기 때문이다. 경쟁체제는 교육 속에도 녹아 있어서, 사회체제 내에 살아가는 모든 인간에게 내재화된다. 우리는 청소년기부터 '불행해지는 법'을 교육받고 있는 것이다.

다음으로는 원하는 일들을 하지 못하는 데서 오는 괴로움이 있다. 이것은 기본적으로는 최소한의 욕구의 충족과 관련이 된다. 정말 기본적인 욕구조차 충족되지 못하는 상황, 즉 배가 고픈데 먹을 양식이 없다든지, 너무 힘든데 계속 일을 해야 한다든지 하는 상황에서 이런 괴로움은 나타난다. 하지만 기본적인 욕구가 충족될 수 있는 계층의 사람들에게서도 이런 괴로움은 나타난다.

빈곤의 반대말은 '경제적 부유함'이 아니라 '충분함'이다. 인간으로서 기본적인 생활을 영위하는 데 지장이 없는 충족함, 이것이 빈곤 퇴치의 목표점이 되어야 한다. 충분함이라는 기준 속에서 시장주의의 허점을 쉽게 발견할 수 있다. 인간의 욕망이 끝이 없듯이 시장의 욕망 역시 끝이 없다. 무한한 성장을 꿈꾸는 시장 안에서 우리는 '충분함'을 맛보기 힘들다. 시장의 빈곤이 삶의 빈곤으로 이어지는 현실에는 빈곤의 종말은 있을 수 없다.

—『빈곤의 종말』을 읽고, 유진재

근본적으로 인간의 욕구는 무한하다고들 한다. 하지만 고대 그리스 시대부터 전해져 내려온 믿음과는 달리, 원래부터 인간의 본능적인 욕구가 자신을 불행하게 만들 만큼 크다는 증거는 많지 않다. 인류의 긴 역사를 살펴보면, 사실 욕구가 충족되지 못해 불행했던 대부분의 사람들은, 삶의 유지를 위해 필요한 것들을 가지지 못할 정도로 빈곤했기 때문에 불행했던 것이다. 대부분의 사람들이 기본적으로 필요한 것들을 가지게 된 것은 서구에서 시작된 산업혁명이 전세계로 번져간 결과 얻게 된 경제적 풍족함이 빈민층까지 퍼진 이후였다.

인간의 욕망이 무한하다는 믿음에 대한 증거가 나타난 것은 그 이후였다고 할 수 있는 것이다. 많은 사람들이 최소한의 요구를 충족시킬 만큼의 재산을 가지자, 사회는 개인들에게 '더욱 많이 가져야 한다'라는 욕망을 무의식 속에 주입하기 시작했다. 욕망의 부추김. 결국 인간의 욕망이 무한하다고 우리가 믿게 된 것은, 우리에게 사회가 '원래 우리의 것이 아닌 욕구'를 주입했기 때문이다. 계속적으로 주입되는 욕구의 요구치는 스스로 충당하기에 너무 큰 것이 되어 우리의 행복을 위협할 정도에 이르렀다.

마지막으로 우리는 인간으로서 대접받지 못한다고 느낄 때 불행함을 느끼게 된다. 위의 자료에서 빈민들은 그것을 '경제적 측면에서는 사람보다는 상품에 가까움'이라는 측면에서만 이야기했지만, 우리의 인간으로서의 지위를 위협하는 요소들은 많다. 예를 들어 청소년들이 학교에서 점수에 의해 취급받는 경우를 그 예로 들 수 있다. 그 취급이란, 단순히 성적이 높은 사람을 잘 대우해주고 낮은 사람을 박대하는 것이 아니라, 점수와 등수에 따라 자신과는 상관도 없는 이미지를 덮어쓰게 되고, 또 바로 그 이미지에 따라 나의 존재의 존엄이 좌지우지되는 경우를 말하는 것이다. 공부 잘하는 학생에게는 '얌전한 모범생' 정도의 이미지가, 공부 못하는 학생에게는 '맨날 공부해도 성적이 나오지 않는 명석하지 못한 아이', '공부에는 전혀 관심이 없는 아이' 등의 수식어가 늘 따라붙는다.

이런 상황에서 우리의 정체성은 나의 의지와는 상관없이 외부에서 주어지는 것에 의해 결정된다. 정말 내가 무엇이 되고 싶은지와는 상관없이, 내 성적이 몇 점인지, 내 소득이 얼마인지 따위의 요인들이 내가 어떤 사람인지를 결정하게 된다는 것이다. 따라서 자신이 원하는 자신의 모습이 자신에게 붙여진 이미지들과 일치하지 않을 때, 인간은 그 괴리 속에서 불행을 느끼게 되는 것이다. 자신은 얌전하다기보다는 활달한 학생인데도, 점수가 그의 성격마저도 다르게 규정해버릴 때, 내가 되고 싶은 모습과 외부에서 나를 규정한 모습 사이에서 혼돈을 느끼게 되고, 그 혼돈은 고통이 되어 우리의 행복까지도 위협하게 되는 것이다.

만약에 외부에서 주어지는 정체성이 자신이 되고 싶고 또 하고 싶은 것과 설사 일치한다 하더라도 역시 문제가 발생한다. 외부에서 주어지는 정체성은 자신의 의지와는 상관없이 변할 수도 있기 때문이다. 만약 한달에 1,000만 원을 벌던 사람이 100만 원을 벌게 되었을 때, 그가 가진 정체성은 순식간에 부유한 자로서 정체성에서 그렇지 못한 자의 정체성으로 급변하게 되며, 이러한 급격한 변화에 개인은 절망감을 느끼거나 혼돈을 느끼게 된다.

위와 같은 상황에서 인간은 이 세상에 하나밖에 없는 자신으로서의 지위를 위협받고, 같은 성적의, 또는 같은 소득의 인간과 똑같은 것으로 취급되는 공부 기계, 소득 기계 등의 비인격적인 하나의 대상으로 전락한다. 또한 이러한 전략은 자신의 삶의 주인이 아니라 객체로 전락을 의미하기도 한다. 이것은 주체로서의 인간에게는 크나큰 고통이며, 불행이라고 할 수 있다.

나는 즐겁다, 그래서 행복하다?–쾌락과 행복에 대해서

행복을 논의할 때 꼭 빠지지 않는 것이 바로 쾌락이다. 그것은 쾌락이 행복과 혼동되는 경우가 많기 때문인데, 사실 둘은 결코 같다고 볼 수 없다. 둘의 차이를 살피는 것은 행복의 논의에 있어 중요한 부분이며, 행복이 무엇인지를 가늠하는 데 도움을 준다.

　많은 사람들이 쾌락에 대해 가지는 인상은 그것이 말초적이고, 육체적이며 찰나적이라는 것이다. 이것들은 또한 쾌락과 행복의 차이를 논하는 데 많은 사람들이 제시하는 근거이기도 하다. 하지만 쾌락은 육체적이고 말초적인 것에 국한되어 있지 않다. 쾌락에 대해서, 에피쿠로스는 다음과 같이 말했다.

> …… 그러므로 우리가 "쾌락이 목적이다"라고 할 때, 이 말은 , 우리를 잘 모르거나 우리의 입장에 동의하지 않는 사람들이 생각했던 것처럼, 방탕한 자들의 쾌락이나 육체적인 쾌락을 의미하는 것이 아니다. 내가 말하는 쾌락은 몸의 고통이나 마음의 혼란으로부터의 자유이다.
>
> 　　　　　　　　　　　　　　　　　　　　　－『쾌락』, 에피쿠로스

정신적, 육체적으로 자유롭다는 것은 말초적이고 육체적인 쾌락만을 좇는 것과는 다르다. 쾌락에 대해 다시 정의하자면, 쾌락은 외부의 자극에 대한 우리 내부의 긍정적인 반응이며, 에피쿠로스 학파의 정의에 따르면, 육체적, 정신적 고통으로부터 자유로운 상태이다. 따라서 사람들이 쾌락을 추구하는 것은 당연한 본능인지도 모른다. 고통을 피하고 즐거움을 좇는 것은 '생존' 그 자체만을 위해서나 '행복'을 위해서나 필요한 태도이기 때문이다. '내 삶은 고통스럽다'고 느끼는 사람이 행복하기는 불가능하기에 쾌락의 추구는 행복의 달

성을 위해 필요한 조건이라고 할 수 있다.

하지만 쾌락은 행복 그 자체가 될 수 없다. 쾌락의 의미에는 그것을 누리는 우리의 주체의식, 다시 말해 '나'에 대한 인식이 빠져 있기 때문이다. 우리가 "나는 행복하다"고 말할 때, 그것은 "내가 나로서 살아 있음을 향유한다."는 것을 말한다. 삶을 향유한다는 것은, 삶의 도중에 만나는 여러 가지 쾌락들을 즐긴다는 것이 아니라, 내가 나라는 사람으로서 살아가는 삶, 그 자체를 누린다는 것이다. 따라서 행복의 개념은 필연적으로 '나'에 대한 인식과, 내 삶에 내가 주인이 된다는, 주체성을 필수적으로 포함한다.

아리스토텔레스는 행복을 말함에 있어 주체성에 대한 고민을 하지 않았지만, 그가 행복에 있어 가장 강조한 '덕'이라는 가치는 주체성의 논의와 통하는 부분이 있다. 그가 말한 '덕'이란 여러 가지 품성을 발휘하는 데에 있어 중용을 유지하도록 하는 이성이며, 쾌락을 누림에 있어 자제하도록 만드는 참을성이다. 이러한 이성이 삶에서 가지는 의미는 내가 내 삶을, 건전한 이성에 의해 통제한다는 의식에서 찾을 수 있고, 또 이것은 내가 내 삶의 주인됨을 의미한다.

위에서 논의한 쾌락과 행복의 차이점을 통해 행복을 다시 한 번 규정하자면, 행복이란 내가 내 삶을 온전히 향유함으로써 느끼는 기쁨이라고 할 수 있다. 따라서 순간순간 느꼈던 쾌락의 총체는 내 삶의 행복을 대표할 수 없다. 왜냐하면 내 삶 그 전체에 대한 내 자신의 삶의 긍정적 태도가 행복이라고 할 수 있기 때문이다.

나는 행복하다. 그래서 나는 행복하다

행복은 언제나 '나의 힘 안에 있는 것'에 관련된 문제다. 우리의 힘 안에 있는 것은 우리가 통제할 수 있는 내적인 것이다. 우리의 견해, 충동, 욕구 등은 우리들 자신과 관련되어 있다. 반면에 '나의 힘 밖에 있는 것'은 우리가 통제할 수 없는 외적인 것으로, 재산, 평판, 신체 등 우리의 의지로 되지 않는 것이다. 우리의 힘 밖에 있는 것 역시 행복에 관련되어 있지만, 이것은 행복을 결정하는 본질적인 요소가 아니다. 이것은 우리의 힘 밖에 있는 것이 중요하지 않다는 의미가 아니라, 외부의 환경을 받아들이는 우리 내부에 있는 삶의 방식이 더 결정적인 요소라는 말이다. 우리는 우리가 살고 있는 상황을 그대로 인식하지 않는다. 우리는 외부의 것을 나름대로 재구성하여 인식한다. 우리는 예컨대 우리 스스로가 만들어 내놓은 세계 속에서 살고 있다고 할 수 있다. 그러므로, 우리가 행복에 관해 이야기하면서 외부의 환경에 관하여 논하는 것은 행복의 본질을 꿰뚫지 못한 것이라고 할 수 있다. ……

─《INDIGO+ing》3호, 〈I'm dreaming〉 중에서

지금까지의 논의들에서, 사람들이 불행한 이유와 행복의 진정한 뜻을 알아보았다. 그렇다면 진정으로 행복해지기 위해서는 어떠한 조건들이 충족되어야 할까? 물론 행복은 주관적이고 개인적인 감정이기에 행복해지기 위한 최고의 방법 같은 것은 없다. 하지만 자신이 행복하다고 느끼는 데 필요한 마음가짐에서는 어느 정도 해답을 찾을 수도 있다.

먼저, 진짜 행복이 무엇인가에 대한 깨달음이 필요하다. 많은 사람들이 쾌락과 행복을 혼동하듯이, 진정한 행복이 무엇에 대해 느끼는 것인지, 어떻게 느끼는 것인지에 대해서 착각한다. 그들은 행복이 외부에 의해 주어지는 것이라고 생각한다. 어떤 행동의 결과로 주어지는 것으로 파악하고, 그 행동들이 실패했을 때 자신들을 불행하다고 생각한다. 그러한 생각들의 표본이 1장에서 논의한 사람들이 불행하다고 느끼는 이유이다.

행복은 삶을 온전히 향유하려는 그 태도 자체이다. 조그만 것들에서도 행복을 찾고, 왜 불행한지보다는 왜 행복한지를 찾는 그 태도이다. 따라서 행복하지 '않을' 수는 있어도 행복하지 '못할' 수는 없다. 왜냐하면 행복하지 않다

는 것은 행복하려는 태도 자체를 가지지 않았다는 의미이고, 그것은 행복하려는 시도를 했다가 실패한 것이 아니라, 행복하기 위한 시도 자체를 하지 않은 것이기 때문이다. 따라서 행복을 위한 첫 번째 조건은 행복이 무엇인지에 대한 참뜻을 아는 것이 된다.

다음으로, 행복하기 위해서는 자신이 행복하기 위해 갖추어야 할 모든 것을 가지고 있다는 깨달음이 필요하다. 사실 행복하기 위해 현재 가진 것보다 더 많은 것을 가져야 할 필요는 없다. 우리는 아프리카의 오지에서 살아가는, 우리의 조건으로 따진다면 극도로 빈곤한 사람들이 우리보다 밝게 웃는 것을 텔레비전을 통해 목격한다. 남이 무엇을 가졌는지 또한 자신의 행복에 중요한 것이 아니다. 중요한 문제는 내가 무엇을 가졌는가이고, 내가 얼마나 가졌든, 내가 가진 것이 행복하기 위한 충분한 조선이 된다. 왜냐하면 행복은 존재 자체를 향유하는 것이지, 존재하는 동안 얼마나 많은 물질을 소유하고 또 쾌락을 누렸는가 따위의 소유의 문제가 아니기 때문이다.

> 이러한 삶의 양식을 갖는다는 것은, 프롬의 표현으로는 '삶의 무도회(the dance of life)'에 참석하는 것이다. 이러한 삶에는 굳이 소유할 필요가 없으므로 탐욕과 소유상실에 대한 공포가 없으며, 타인에 대한 시기와 적대적 경쟁관계도 자연히 없어지고, 자연에 대한 지배와 정복도 그만큼 불필요하게 된다는 것이다.
>
> ─《INDIGO+ing》 3호 김용규 선생님 글에서

마지막으로, 진정 내가 원하는 것이 무엇인지를 깨닫는 것이 중요하다. 남들이 원하는 것, 사회가 내게 요구하는 것들을 배제하고, 순수하게 내가 무엇을 원하는지를 알아보는 것이다. '내가 원하는 것'에 대해 깨닫고 그것을 추구하는 과정은, 내가 누구인지를 살피고 또 내가 무엇이 되고 싶은지를 살피는 과정과 떨어져 있지 않다. 따라서 내가 원하는 것을 파악하는 것은 내가 내 삶의

주인됨을 의미하며, 내가 내 삶을 이끈다는 것을 의미한다. 따라서 이는 온전한 삶의 향유로 향하는 중요한 걸음이 될 수 있다.

2. 앞으로 한참을 더 헤매더라도 나에게 충실해질 수만 있다면 좋다. 나는 어디에서 나를 찾을 것인가? —주인된 나로서 살아가기

오래된 컴퓨터 프로그램 중에 '맥스'라는 프로그램이 있다. 이 프로그램은 '맥스'라는 가상의 인격과 채팅을 하게 해주는 프로그램인데, '맥스'는 정해진 말에는 거의 똑같은 대응밖에는 하지 못하고, 또 프로그램화되어 있지 못한 말들에 대해서는 적절한 대응을 하지 못하였기 때문에 종종 웃음거리가 되었다. 하지만 이러한 프로그램이 고도의 컴퓨터 기술과 방대한 용량의 프로그래밍을 통해서, 인간과 거의 다를 바 없는 사고 과정을 통해서 인간의 말에 반응한다면, 그는 인간과 무엇이 다를까.

사람들은 이에 대해, 그는 인간처럼 스스로 사고하는 것이 아니라, 그 용량이 아무리 방대하고 다양하든 간에, 프로그래머에 의해 미리 짜여진 프로그램에 의해 기계적으로 대응하는 것이기에 결코 인간과 같지 않다고 말할 수도 있다. 하지만 인간 역시 사회라는 거대한 프로그램에 의해 짜여진 대로 움직인다고 말할 수 있지 않을까? 우리는 평생의 절반 이상을 교육이라는, 사회에서 옳다고 규정한 가치들을 배우면서 보내고, 또 이것들에 근거해 행동하는 경우가 많다. 그렇다면 인간은 단지 우수한 생물학적 프로그램 덩어리일 뿐인가?

심리학자들과 사회생물학자들은 인간을 여러 환경들과 미리 주어진 요인들에 의해 행동을 결정하는 생물체로 보고는 한다. 사람들의 행동을 결정하는 것은 주체적인 의지보다는 유전자에 의해 결정되는 육체적인 한계, 사회적인 여건에 의해 결정되는 사회적인 제약 등이라는 것인데, 이러한 관점에는 다음과 같은 문제가 있다.

먼저, 유전자나 환경이라는 주어진 환경에 의해 인간의 활동이 결정된다면, 동일한 환경이나 유전자에서 인간들의 삶은 같은 형태로 나타나야 한다. 그러나 같은 환경에 놓여진 인간의 삶이라도 그 속을 들여다보면 인간의 삶은 충분히 다양하다. 주어진 환경은 그것에 적응하는 방식까지 규정하지는 않고, 또 유전자는 그것의 발현방식까지는 확정하지 않기 때문이다. 물론 인간의 삶은 다양하지만 그 속에 유사성은 있다. 하지만 그 유사성이 모두를 똑같은 것으로 만드는 동일성에 이르지는 않는나는 것이다.

다음으로, 인간의 행동을 환경에 의해 주어진 것으로 판단하는 관점은 인간의 고유한 주체적 의지를 무시하는 결과를 가져온다. 결국 동일한 환경에 의해 형성된 행동들의 유사성 역시도 개인들의 환경에 적응하겠다는 의지에서 비롯된 것이고, 동일한 유전자를 가진 인간들이 다른 모습으로 살아가는 것은 그 유전자가 주는 신체적 한계나 능력을 자신의 삶에 유용하게 사용하겠다는 개인의 다양한 의지 때문이다. 그렇다면 개인들의 삶을 다양하게 하는 그 무엇, 살아가려는 개인의 독립된 의지. 그것을 무엇으로 부를 수 있을까.

나의 꿈을 위해, 내 자신이 이끄는 대로, 내가 살아 있음을 느끼며 산다는 것 - 주체성의 의미

주체성이라고 하는 것은, 먼저 자신이라는 존재에 대한 인식에서 시작한다. 먼저 내가 있어야 내 삶이 있고, 내 삶의 존재 방식에 대해 사색할 수 있기 때문이다. 지구상의 거의 대부분의 언어에는 '나'라는 1인칭 주어가 존재한다. 영어의 'I', 중국어의 '我', 일본어의 'わたし', 독일어의 'Ich' 등이 바로 '나'를 지칭하는 말인데, 다양한 환경과 국적에도 불구하고 인간의 언어에 모

두 '나' 라는 말이 존재한다는 사실은 인간이 대부분 자의식을 가지고 있고, 또 주체성을 가지기 위한 최소한의 인식을 가지고 있다는 것을 의미한다.

하지만 '나'를 인식하는 것만이 주체성의 전부라고는 할 수 없다. '나'에 대한 인식은 주체성을 지니기 위해 필요한 최소한의 인지이기는 하지만, 주체성의 모든 것을 내포하지는 않는다. 실제로 침팬지, 고릴라와 같은 유인원들은 거울을 보고 '나'라고 인식할 수 있을 만큼의 자의식을 지니고 있지만, 우리는 고릴라나 침팬지가 주체적인 삶을 산다고는 말하지 않는다.

> 내가 주체가 된다고 하는 것은, 이를테면 도덕적인 영역에서 내가 주체가 된다라는 게 뭐냐, 그건 내가 스스로 생각하는 것이 내가 주체가 되는 겁니다. 책에서 얘기했던 것처럼. 일단 내가 첫 출발이에요. 남이 이거 옳은 거야, 이거 해야 돼라고 말하고, 아 그래요 그러면 그러죠라고 하는 건 주체가 아니에요. 노예적인 사유입니다. 그래서 어디까지나 내 스스로 생각해서 이것이 옳다, 이것이 바람직하다라고 생각하고 그걸 추구할 때 또 그렇게 내 삶을 형성할 때 그때만 내가 주체가 되는 거예요.
> –『주제와변주2』 제17회 김상봉 선생님 편, 245쪽

주체성은 자의식 말고도 스스로 가치판단을 할 수 있는 능력을 포함한다. 가치판단이란, '무엇이 옳다, 그르다'고 판단하는 것을 말하는데, 이것은 '맞다, 틀리다'를 판단하는 사실판단과는 구별된다. 특정사실이 원래 어떠한 형태로 이루어져야 한다고 가정하고, 그러한 형태에서 벗어날 때, 우리는 옳지 않다고 말하며, 온전한 형태를 갖출 때, 우리는 옳다고 말한다. 주체성은 그러한 판단을 내릴 수 있는 능력을 가리키는데, 중요한 것은 주체성의 의미에서 가치판단 능력을 논할 때, 그 가치판단의 기준이 외부에 의해 규정된 것이 되어서는 안 된다는 것이다.

이것은 사회에서 옳다고 규정하는 바를 따르는 사람은 주체적이지 않다는

의미가 아니다. 사회에서 옳다고 규정하는 바라도 그대로 받아들이는 것이 아니라, 스스로 다시 한 번 사색해보고 자신만의 기준을 세울 수 있는 능력이 주체성이라는 말이다. 다시 말해, 이러한 판단능력은 사회에서 옳다고 정해놓은 기준이라도 자신의 기준에 어긋나면 '옳지 않다'고 판단할 수 있는 비판적인 능력을 가리킨다.

주체성은 이러한 가치판단능력 말고도, 자신이 옳다고 결정한 바에 의해 자신의 삶을 이끌어나갈 수 있는 능력을 가리킨다. 사회에서 요구하는 바를 따르느라 자신이 옳다고 생각하는 방향으로 자신의 삶을 이끌어나가지 못한다면, 그 삶은 주체적이라고 할 수 없다. 왜냐하면 자신이 옳다고 판단한 가치들을 자신의 삶에 실현하지 않는다면, 그는 그의 행위로서 자신의 판단을 부정한 셈이 되기 때문이다.

"학문연구에 평생을 바쳤다. 과연 학문의 끝에는 무엇이 있을까? 학문의 끝에 설 때 즈음이면 '나, 파우스트'를 규명해낼 수 있을 것인가? 끊임없이 파고들어가 보지만 결국 답이 없다. 이 세상에 과연 '진실'이란 존재하는가? 나를 찾을 수만 있다면 악마 메피스토펠레스와의 영혼을 건 계약도 서슴지 않는다. 나를 찾을 수만 있다면."

네. 이 독백은 소설 『파우스트』에 나오는 한 구절입니다. 이 소설에서 파우스트는 자기 자신을 찾기 위해 악마 메피스토와 자신의 영혼을 담보로 한 계약도 서슴지 않습니다. 저도 파우스트처럼 설사 우리의 행동이 불러올 결과가 걱정되고 그로 인해 마음의 동요가 인다고 해도, 어쩌면 조금은 무식하게, 또 단순하게 나를 찾아서 뛰어들 때야말로 좀 더 적극적으로 나를 찾을 수 있고 파우스트가 그러했듯이 무차별한 자기실현을 이룰 수 있다고 생각합니다. 그러기 위해서는 우리들 스스로의 내면에 귀기울일 수 있어야 하고 좀 더 솔직해질 수 있어야 하겠죠. 그리고 적어도 우리가 생각했을 때 옳지 못하다고 판단한 것에 대해서는 쉽게 타협하지 않는 '나의 삶의 원칙'을 정하는 겁니다. 그런 의미에서 내 삶의 존재 방식은 나 자신을 사랑하고 인간으로서의 '나'를 포기하지 않는 것이라고 말할 수 있습니다.

-《INDIGO+ing》3호, 〈R통신〉, 이소연 학생의 말 중에서

주체성은 '내가 누구인가'라는 인식에서 출발하여 '무엇이 옳은가'라는 판단 능력을 갖추고 또 옳다고 판단한 가치를 삶을 통해 추구할 때 완성된다. 하지만 이 세 가지 요소를 다시 살펴보면, 결국 셋은 한 가지 요소라는 것을 알 수 있다. '내가 누구인가'에 대한 인식은 '나는 어떠한 사람인가?'라는 질문에 대한 답을 얻기 위함이며, 이 질문은 내가 추구하는 바를 발견함으로써 대답할 수 있다. 내가 추구하는 바란 결국 내가 옳다고 생각하는 가치이며, 내가 내 삶을 통해 추구하는 가치이기 때문이다.

남들이 해놓은 것을 안전하게 따라갈 것인가? 아니면 떨어져 죽는 한이 있어도 내 길을 갈 것인가?—주체성의 중요성에 대해

우리는 사는 동안 많은 문제들과 부딪힌다. 짧게는 점심으로 무엇을 먹을 것인가와 같은 단순한 문제에서부터, 어떤 직업을 가질 것인가, 미혼으로 살 것인가 기혼으로 살 것인가와 같은 어려운 문제들까지. 삶은 끊임없는 문제제기와 그것의 해결로 채워져 있다.

　　많은 사람들은 문제상황을 해결하는 데 보편적인 기준을 답습한다. 버스에서 할머니에게 자리를 양보해야 하는가, 길 잃은 아이를 도와줘야 하는가, 친구와 돈 중 무엇을 선택해야 하는가 등의 문제상황에서는, 사회가 제시하는 기준을 따르는 것이 편하게 보인다. 하지만 사회가 제시하는 기준이 서로 충돌할 때는 어떠한가? 친구를 잃거나, 돈을 잃거나 둘 중 하나를 택해야 하는데, 부모님이 위독해서 돈이 꼭 필요하다. 그럼 무엇을 택해야 하는가? 사회는 우정도 중요하다고 할 것이고, 부모님을 죽게 내버려두는 것도 옳지 않다고

할 것이다. 하지만 우리는 둘 중 하나를 택하고 그 결과를 감수해야 한다.

어떤 사람들은 종교, 과학 등 사회가 제시하는 기준 중 하나를 절대적 기준으로 신봉함으로써 문제상황을 쉽게 해결하려 한다. 한 가치를 절대시하여 모든 상황에 적용하는 것은 개인을 고민과 사색에서 자유롭게 해준다는 점에서 편리할지는 모른다. 하지만 그것은 자신의 삶을 누군가가 세워놓은 가치체계에 내맡기는 것이다. 종교든, 과학이든 그 어떤 숭고한 가치든 간에 타인이 세운 가치체계를 따라서 살게 되면, 우리는 그러한 가치를 '추구' 한다기 보다는 '요구' 받는 타율적인 삶을 살게 된다. 그리고 그 타율성은 우리를 '자신의 살아 있음을 온전히 향유한다' 는 진정한 의미의 행복에서 멀어지게 한다.

만약 한 사람이 타율성이 불행이라는 것을 깨닫지 못하고 그 편안함에 취해 살아가더라도, 그는 언젠가 빈드시 크나큰 불행과 마주하게 된다. 그것은 바로 자신이 맹신하던 가치가 깨어지는 순간에 느끼는 절망감이다. 모두를 천상의 다음 세계로 인도해주겠다던 과거의 수많은 신앙들은 검증할 수 있는 것만이 진실이라는, 과학이라는 새로운 가치체계 앞에 무너졌다. 물론 아직도 신앙에 의지해 살아가는 사람은 많지만, 과거 많은 사람들은 자기 안에서 절대적인 가치로 자리해 있던 신앙이 붕괴하는 것을 느꼈다. 그리고 과학이 초래하는 폐해 앞에서, 우리는 다시 한 번 우리 속에 내재한 과학이라는 강력한 가치 체계가 흔들리는 것을 느끼고 있다. 모든 가치체계는 언젠가는 붕괴하며, 그 때에 그것을 맹신하던 개인은 엄청난 절망감과 마주하게 된다.

우리는 『차라투스트라는 이렇게 말했다』에서 벌이는 '나귀제' 에서 힌트를 발견할 수 있다. 신의 죽음 이후 모여든 '보다 높은 인간들' 은 변신이 일어나기 전날 밤 '만찬' 을 벌이다 나귀를 새로운 신으로 섬기게 된다. 나귀제는 한 신이 죽은 후 어떻게 새로운 신이 등장하는지를 보여준다. 나귀 숭배를 보고 기가 찬 차라투스트라가 하나씩 돌아가며 그 이유를 묻는데, 그 중 교황의 말이 압권이다. 교황이나 되는 사람이 어떻게 우상을 숭배하냐고 차라투스트라가 묻자 그는 이렇게 답한다.

이 지상에 아직도 경배할 것이 있다는 사실에 나의 늙은 마음은 기뻐날뛴
다. 오 차라투스트라여, 늙고 경건한 교황의 이 심정을 용서하라!

―『니체의 위험한 책, 차라투스트라는 이렇게 말했다』, 104쪽

니체는 그의 저서에서 신의 죽음을 깨달았지만 또 다른 우상을 만들어 '나귀
제'를 지내는 사람들을 묘사했다. 이것은 '신'이라는 절대적 기준이 붕괴한
상황에서, '과학'이라는 또다른 '신'을 찾는 우리의 모습과 닮아 있다. 과학이
무너지면, 우리는 무엇에 의지해 살아갈 것인가? 우리도 어리석은 교황과 같
은 모습이 되지 않을까?

사실 신의 한 줄기 섬광이 제시하는 성스러운 길 같은 것은 우리 삶에 없
다. 만일 우리 삶에 방향을 제시할 수 있는 하나를 찾는다면, 그것은 굳건히
세운 자기 자신이다. 스스로 고민하고 스스로 정한 자기 원칙, 즉 주체성만이
자신의 삶을 행복으로 이끌 수 있다. 왜냐하면 주체성이란 어떤 절대적인 가
치를 수동적으로 따르는 것이 아니라 스스로 자신의 삶을 통해 가치를 추구하
고 능동적으로 창조해가는 과정이기 때문이다.

다음으로 주체성은 자기 긍지를 갖게 해준다는 점에서 중요하다. 주체성
이란 나에 대한 자의식에서 출발하는 것이고, 내 삶을 규정하는 판단능력이
다. 따라서 주체성을 가진다는 것은 내 자신과 내 삶을 온전히 이해한다는 것
을 의미한다. 한 사람의 삶을 온전히 이해하면 우리는 자연스럽게 나는 다른
사람과 결코 똑같지 않다는 결론에 이른다. 삶의 한 단편은 비슷하게 보일지
모르지만, 삶의 전체를 온전하게 살펴보면 완전히 똑같은 인간은 없기 때문이
다. 따라서 주체성을 가지게 되면 우리는 '우리의 유일함'을 발견할 수 있고,
또 그것은 자기 긍지를 갖는 데 도움을 준다.

주체성을 지닌다는 것은 또 자신의 삶을 자신이 세운 가치를 창조하는 과
정으로 파악하는 것을 의미한다. 따라서 주체성을 지닌 사람은 삶을 수많은
존재들 중 하나로 태어났다 죽어가는 목숨 중 하나가 아니라, 위대한 가치를

창조하는 과정으로 파악한다. 따라서 이것은 한 사람이 자신의 삶을 의미 있는 것으로 긍정할 수 있는 근거가 된다. 외부적인 조건으로 판단했을 때 자신의 삶이 어떻든 간에, 자신의 삶은 무언가 의미를 생산하고 있기 때문이다.

정리하자면, 주체성이 우리 삶에 지니는 의미는 다음과 같다. 주체성은 한 사람의 삶을 이끄는 나침반의 역할을 하며, 또한 자기를 긍정할 수 있는 밑바탕이 된다. 따라서 주체성은 삶을 행복으로 이끄는 데 꼭 필요한 원천이며, 행복을 구성하는 필수적인 요소 중 하나이다. 그렇다면, 주체성을 지니기 위해 우리는 어떤 노력을 해야 하는가.

나는 무엇으로 기억될 것인가?—주인된 '나'로 남기 위한 노력

> 우리는 우리가 감당하기 힘든 현실을 접하고 있다고 생각합니다. 저도 중학교 때 많은 시간을 제가 하고 싶은 것을 하면서 보냈는데, 고등학교 때 올라와서 충격을 받았습니다. 틀에 박힌 생활이랄까? 중학교 때는 3시에 마쳤지만, 고등학교는 9시에 마치잖아요. 그리고 그 후에 학원까지 간다면 갔다 와서 바로 자고 또 일어나서 학교가고, 학원 갔다 와서 자고. 이런 생활이 반복되는 거죠. 그런 일상의 반복 속에서 내가 정말 어떻게 살아야 할지 내가 왜 이렇게 사는 것인지 생각할 시간조차 없었습니다. 공부와 시간에 쫓겨서 아무 생각 없이 지내온 것입니다. 이런 저를 발견한 것도 방학이 되어서 저를 돌아볼 시간의 여유가 생긴 후의 일입니다.
>
> —《INDIGO+ing》 3호, 〈R통신〉, 박제준 학생의 말에서

사실 우리는 주체성에 관한 교육을 거의 받지 않는다. 물론 학교의 윤리 교과서에는 '주체성', '개성' 등의 단어가 설명되어 있다. 하지만 그것은 우리에게 공허한 개념과 지식으로 다가온다. 그러한 상황에서, 학교 또는 직장에서 우리는 숨막히는 경쟁 속에 내던져진다. '왜?' 라는 질문은 던질 여유도 없이, 경

쟁에 던져진 상황에서 당황스러움을 표할 겨를도 없이 옆사람을 보고 얼떨결에, 마치 '피리 부는 사나이'에 나오는 쥐떼들처럼, 어디로 향하는지도 모른 채 달려 나간다. 생각할 겨를조차 없는 것이다.

쥐떼들처럼 마구 돌진하다보면 언젠가는 벽에 부딪힌다. 그 벽은 '내가 왜 이렇게 살고 있지?'라는 갑작스러운 의문일 수도 있고, 혹은 '난 해도 안 돼!'라는 자신이 고민도 해보지 않고 쫓던 가치에서 멀어지는 것에 의한 절망감일 수도 있다. 벽이 아니라도 좋다. 바다든 절벽이든 무엇이든 상관없다. 이런 난관에서 어떤 사람들은 고민해보지 않고, 지금까지 해왔던 대로 돌진한다. 뛰어내리는 것이다. 그것은 불행의 나락으로 향하는, 줄 없는 번지점프이다.

> **이왕주** : 내가 앞으로 얘기하는 것 가운데는 학교에서 선생님들이 하는 얘기와 충돌하는 게 있을지 몰라요. 그럴 때는 선생님 얘기를 들어야겠다, 내 얘기를 들어야겠다를 성급히 선택하지 말고 그 혼란스러움을 여러분이 머릿속에서 조금 길게 궁리하면서 버텨보라고 충고하고 싶어요. 사실 이 흔치 않은 기회에 모처럼 만난 여러분에게 전할 게 있다면 잘 정리된 정보와 세련되게 코드화된 분류표가 아니라, 건강하게 혼란스러워지는 법이에요. 인간이란 끊임없이 의문을 던지고 때로는 너무나 자명한 것에 대해서도 그렇지 않을지 모른다는 가능성을 의식하는 존재입니다. 또 정해진 편한 길을 갈 게 아니라 가끔은 더듬거리고 배회하고 방황하고 비틀거리면서 혼란스러운 각종 유혹들을 전신으로 버텨보는 체험이 필요한 것이지요. 왜? 살아 있는 인간이기 때문입니다.
>
> — 『주제와 변주1』 제2회 이왕주 선생님 편, 27쪽

우리가 주체성을 가지기 위해서는 갑자기 불쑥 튀어나오는 그러한 의문들, 혼란들을 견디면서, 그것에 성실히 대답할 필요가 있다. 이 혼돈을 무시하고 계속 사회의 가치체계를 추종하는 것은, 자기에 대한 기만이다. 주체성은 대단

한 방법론이나 연습으로 성취되는 것이 아니다. 단지 이런 혼돈을 견디면서 스스로의 질문에 대답하기 위해 노력하는 자세, 그 자세 자체가 주체성의 시작이다.

하지만 이런 의문에 성실히 답하기 위해 노력하고, 또 고민한다고 해도 바꾸기 힘든 것이 있다. 그것은 사회라는 거대한 체계가 제시하는 가치를 따르도록 요구하는 현실이다. 나에게 주어진 현실은 그야말로, 아주 작은 부분을 제외하고는, 자신의 의지와 관계없이 생겨난 것이고, 내가 고민한다고 해서 쉽사리 바뀌지도 않는다. 이를 이겨낸 사람을 우리는 '위대하다'고 칭찬하지만, 모두가 위대한 개인으로 살아가기는 쉽지 않다. 그렇다고 해서 우리는 위대한 개인으로 사느냐, 사회가 이끄는 타율적인 사람으로 전락하느냐 둘 중의 하나를 꼭 선택해야 할 필요는 없다.

> **이왕주** : 질문 내용 중 현실과의 타협이라는 말이 있었는데, 지금 여러분의 주체성은 바로 타협의 감각을 지켜내는 데 달려 있어요. 타협이라는 의식마저 없어진다면 곤란하다는 거예요. 일단 그렇게 되면 음미하는 삶, 버티는 삶, 포월의 삶은 불가능하죠. 이런 비유를 써볼게요. 돌멩이를 실에 매달아서 돌릴 때 실을 잡은 손이 갖고 있는 힘을 구심력이라 하고 원둘레를 빙빙 도는 돌멩이가 갖고 있는 힘을 원심력이라고 하죠. 이때 실은 팽팽하게 당겨지는 장력을 갖는데, 이 장력은 서로 반대되는 두 개의 힘, 즉 원심력과 구심력이 서로에게 반발하면서 만들어내는 힘이에요. 이 장력, 즉 우리가 당겨진 실의 팽팽한 탄력으로 느끼는 이 힘이 중요해요. 현실과의 타협이란 하고 싶은 일에 대한 욕망과 해야 하는 일에 대한 의무 사이에서 생겨나는 갈등의 조정이죠.
> —『주제와 변주1』제2회 이왕주 선생님 편, 51쪽

실제로 우리는 자신이 되고 싶은 것과 사회와 현실이 요구하는 것, 그 사이에

서 살아간다. 문제는 그 사이에 살아가는 개인으로서, '우리는 현실과 타협하며 살고 있다'는 감각을 지켜내는 것이다. 진짜 내가 원하는 것이 무엇인지 고민의 끈을 놓지 않고, 현실과 타협하며 살아간다는 그 사실을 잊지 않는 것. 그것이 현실 앞에서 우리가 할 수 있는 또 다른 한 가지의 노력이다.

주체성은 '내가 내 삶을 어떻게 인식하는가?'라는 의문과 관련된 인생관의 문제이다. 따라서 그것을 찾기 위한 노력도, 인식과 고민의 차원에서 이루어질 수밖에 없다. 지금까지의 주체성에 관한 논의들은 다소 뜬구름 잡는, 현실과는 동떨어진 몽상가적인 논의로 보일 수도 있다. 하지만 기억해야 할 것은, 결국 우리가 꿈꾸는 행복은 우리 내부에서 오는 것이고, 우리의 이상은 실천으로 언젠가 현실에서 맞닿을 수 있다는 믿음이다.

3. 우리는 왜 소통해야 하는가
—그대 내게 행복을 주는 사람

혼자 살아가는 사람이 있을까. 아니, 아무와도 상호 관계도 주고받지 않고 살아가는 사람이 있을까. 겉으로는 사회와 단절되어 살아가는 그 누구라도 다른 사람과의 관계를 맺고 살아가기 마련이다. 먼저 사람은 태어나면서 부모님과 나라는 관계를 맺고, 또 나를 세상에 태어날 수 있게 도와준 간호사 및 의사와 상호작용한다. 또한 나는 자라면서 친구들과 관계를 맺고, 선생님과 관계를 맺는다. 이처럼 일일이 다 열거할 수 없을 정도로 우리는 다양한 관계를 맺으면서 살아간다.

흔히 이 시대를 관계가 단절된 현대사회, '모두가 고독하게 소외되어 살아가는 현대사회'라고들 하지만 우리가 관계를 맺으며 살아가고, 또 그 관계가 우리 삶의 중요한 부분을 차지한다는 면에서는 결코 인간관계의 필요성과 존속성은 변하지 않았다고 할 수 있다. 문제는 대인관계들 중에서 진정한 의미에서의 '관계'라고 할 만한 것들이 줄어들었다는 것이며, 또한 이렇게 진정한 의미의 '관계' 없이 우리 인간 존재는 외로움을 느낄 수밖에 없다는 것이다. 그렇다면 진정한 의미에서의 '관계'란 무엇이며, 또 우리가 맺는 대인관계 중 많은 것들이 진정한 의미에서의 '관계'가 되지 못하는 이유는 무엇일까?

당신은, 그리고 당신 앞에 선 나는 누구입니까?—진정한 의미의 관계란 무엇일까?

> 나는 한 그루의 나무를 관찰한다.
>
> 나는 그것을 형상으로 받아들일 수 있다. 햇빛을 받아 빛나면서 우뚝 서있는 기둥으로, 또는 푸른 기운이 감도는 은빛의 부드러운 하늘을 배경으로 뿜어나온 신록으로 볼 수 있다. 나는 그것을 운동으로 느낄 수 있다. 꽉 붙어 있으면서도 뻗어가는 수심을 흐리고 있는 백상으로, 뿌리의 흡수, 잎의 호흡, 땅과 대기의 끝없는 교류로, 그리고 눈에 띄지 않는 성장 자체로서 느낄 수 있다. 나는 그것을 하나의 종으로 분류하고, 하나의 표본으로서 그의 구조라든가 생존 양식을 관찰할 수 있다.(……)
>
> 그러나 나에게 그럴 의욕이 있고 또한 은총을 받는다면, 나는 그 나무를 관찰하면서 그 나무와의 관계에 끌려들어가는 일이 일어날 수가 있다. 그러면 그 나무는 '그것'이 아니다. 이때에는 독점의 힘이 나를 사로잡은 것이다.
>
> –『나와 너』, 마르틴 부버

마르틴 부버는 그의 저서에서 나와 '너'로 이루어진 관계와 나와 '그것'으로 이루어진 관계를 구분했다. 비록 언어구조상의 차이로 그의 책은 난해하게 느껴지지만, 위의 글에서 우리는 그가 의미한 바를 충분히 이해할 수 있다. 나와 '그것'의 관계에서 인간은 상대를, 그 상대가 인간이든 인간이 아니든 간에, 그것이 가진 속성을 분해하여 파악하고 경험하려 한다. 따라서 나와 '그것'의 관계에서 나와 관계하는 상대는 분해되고 이해되어야 할 정보덩어리에 지나지 않는다. 하지만 나와 '너'의 관계에서는 나와 관계하는 상대는 하나의 총체적인 소통의 상대방으로서 나와 마주하며, 마찬가지로 나를 대한다. 따라서 마르틴 부버의 정의를 빌리자면, 진정한 의미의 관계는 나와 '너'의 관계, 즉 총체적인 존재로 상호작용을 주고 받는 관계이다.

　이러한 정의에서 바라본다면, 우리가 맺는 대인관계 중 많은 것들은 '관계'라 칭할 수 없다. 대부분의 대인관계에서 우리는 상대방을 부분으로 깨뜨려서 파악한다. 예를 들어 우리가 아파트의 옆집에 사는 사람과 인사를 나눌 때, 우리는 그 사람을 전체로 대하며 소통을 시도하지 않는다. 단지 그 사람의 외양, 말씨, 태도 등을 통해 나를 어떻게 생각하고 있는가, 어느 지방 출신인가, 어떠한 생활을 하는가를 분석해내려 한다. 이러한 인간관계에서 우리는 진정한 관계를 경험하지 못한다.

　마르틴 부버는 우리가 우리 앞에 있는 사람을 대할 때, 필연적으로 그를 부분으로 파악하며, 이것은 어쩔 수 없이 하나의 대상으로 파악하게 되는 우리의 숙명이라고 말한다. 예컨대 우리가 진정한 '관계'라고 흔히들 생각하는 친구와의 관계에서나, 부모와 자식 간의 관계에서나 필연적으로 다른 매개물이 관계 사이에 끼어들게 되고, 또 그에 따라 상대방은 나에게 분석의 대상이 될 뿐인 수많은 '그것' 중 하나로 전락한다는 것이다.

　나는 '관계'의 정의를 좀 더 단순화해서 설명하려 한다. 진정한 의미의 관계란 세 가지 요건을 지닌다. 상호성, 총체성, 직접성이 그것이다. 먼저 상호성을 들 수 있겠다. 상호성이란, 영향을 주고받는 것을 의미한다. 이것은 통상적으로 우리가 '관계'라고 칭하는 진정한 관계가 아닌 것들에서도 찾아볼 수 있다. 관계를 맺는다는 것이 근본적으로 의미하는 바는, 서로 어떠한 영향을 주어 상대의 어떠한 행동이나 변화의 원인이 된다는 것이다. 하지만 진정한 의미에서의 관계와 그것이 아닌 것들의 차이는 다음 두 가지 속성에서 차이가 난다.

　총체성이란, 관계에 임하는 사람들, 혹은 사람과 사물이, 부버의 정의에서와 같이, 서로를 총체적으로 대해야 한다는 것이다. 관계에 임하는 상대를 부분들의 총합으로 인식하려 할 때, 우리는 상대를 왜곡되게 받아들일 수 있다. 우리가 사람들을 부분의 총합으로 인식할 때, 우리는 우리 자신의 감각에 의존한다. 그리고 우리 자신의 감각은 완벽하지 않으며, 또 그 감각을 받아들이는 이성도 완벽하다고 할 수 없다. 따라서 우리는 부분에 대해 잘못된 인식을 하기 마련이고, 부분에 대한 잘못된 인식은, 이런 관계에서는 부분이 전체를 대표하기 때문에, 전체에 대한 잘못된 인식으로 이어진다. 또한 우리의 인식이 잘못되지 않았다 하더라도, 모든 사람 또는 사물은 가변적이기에, 사물의 부분이 변했을 때, 우리는 그 사물에 대해 아무 것도 알지 못하는 상황이 된다.

예를 들어, 오래 사귄 친구가 있었는데, 우리는 그를 큰 눈과 검은 피부, 퉁명스러운 말씨, 그리고 뛰어난 학업성적 등의 총체로 파악하고 있었다고 가정하자. 만약 우리가 그가 다른 사람에게 상냥하게 말하는 것을 본다면, 우리는 혼돈에 빠진다. '나는 그를 알고 있다고 말할 수 있나? 내가 알고 있는 그의 모습은 허상이 아닌가?' 그리고 많은 경우에, 그와의 관계 역시 혼돈에 빠진다. 그가 사고를 당해 얼굴이 심하게 다쳤다고 가정해도 마찬가지다. 부분의 총체로 그를 파악하고 있던 우리의 눈에는 그가 엄청나게 달라 보일 것이다. 역시 그와의 관계는 흔들리고, 우리는 전혀 새로운 인격과 관계를 맺게 될 것이다. 얼굴에 상처, 퉁명스러운 말씨, 등으로 기억되는.

진정한 의미의 관계를 위해서, 우리는 그를 총체적으로 마주할 필요가 있다. 우선이 되는 것은 '너' 라는 내 앞에 마주한 상대방이다. 그의 여러 가지 특징들은 그에 속하는 것이지만, 그를 대표하지 않는다. 이런 식으로 한 사람을 파악한다면, 우리는 그의 모습이 변하더라도, 우리가 그의 어떤 부분을 오해하고 있었더라도, 아직 내 앞에 마주한 상대방 자체는 변하지 않은 것으로 인식할 수 있다. 우리의 머리속에서 변한 것은 그의 속성 중 하나일 뿐이다. 이러한 관계의 예는, 치매가 걸려 전혀 다른 사람이 된 듯 보이는 부모님을, 또는 배우자를 돌보는 가족들의 모습에서 찾아볼 수 있다. 변한 것은 그의 모습이지, 그 자체가 아님을 그들은 알고 있다.

마지막으로 직접성은 총체성과 연관되는 부분으로, 그와 나 사이에 다른 대상을 두지 않는 것이다. 우리는 돈으로 맺어진 계약관계와, 그 사이에 아무 것도 없는 친구 관계가 어떻게 다른지 직관적으로 인식하고 있다. 만약 관계에 임하는 상대방과 나 사이에 어떤 대상이 매개하게 되면, 우리는 필연적으로 그 매개물을 통해 상대방을 파악하게 된다. 부분을 통해 그를 인식하게 되는 것이다. 이러한 관계에서 실제로 우리와 관계를 맺고 있는 것은 그의 돈이지, 그 자신이라고 할 수 없다.

왜 혼자만의 세상에 살 수 없을까?— 관계 맺음이 내 삶에 지니는 의미

> 그런데 이 생각의 본질이, 또는 주체성의 본질이 서로주체성이라는 겁니다. 생각은 내가 돌이켜 하는 겁니다. 그리고 마지막에는 더불어 생각함이에요. 그래서 어떤 생각도 고립된 자기 혼자만의 생각은 있을 수가 없습니다. 그게 도덕의 서로주체성이고요. 책에 있는 말인데, 원래 우리의 주체성은 서로주체성입니다. 나와 네가 만나서 우리를 이루는 것을 통해서만 내가 내가 될 수 있는 거예요. 그 얘기는 여기 지금 학벌사회에서 왜곡된 학벌주체성처럼 억압적인 거대주체의 지배 아래서 내가 객체가 되는 것이 아니라는 뜻입니다. 그렇게 내가 객체가 되는 식의 우리가 아니고, 나와 네가 공동의 주체성을 보존하면서 서로가 더불어서 또다른 확장된 주체를 같이 형성하는 한에 있어서는 내가 주체가 될 수 있다는 것입니다. 그러니까 모든 주체성은 사회적인 것이고 모든 주체성은 그런 면에서 서로주체성입니다.
>
> ―『주제와 변주2』 제17회 김상봉 선생님 편, 246쪽

관계를 맺는다는 것은 우리 삶에 무슨 의미를 지닐까? 먼저 관계 맺음은 우리의 주체성을 찾게 한다. 얼핏 보기에 주체성이란 내가 혼자 사고하여 나 자신을 찾는 과정으로 볼 수 있다. 하지만 우리가 어떠한 방식으로 스스로에 대해

사고하며, 또 그 사고의 밑바탕이 되는 가치관을 형성하게 되는지를 생각해보면 관계맺음이 우리 주체성에 가지는 의미를 알 수 있다.

세상에 관계를 맺지 않고 살아가는 사람은 없다. 태어나는 순간에 우리는 부모님과 관계를 맺게 되며, 학교에 감으로써 친구들을 만나고, 그들과 관계를 맺게 된다. 어떠한 종류와 방식이든지 오늘날의 인간은 홀로 살아갈 수 없으며, 따라서 필연적으로 관계를 맺게 된다. 그리고 관계란 서로에게 영향을 주고받는 것이기 때문에, 어떠한 관계를 맺느냐에 따라 우리의 가치관은 다르게 형성된다.

또한 우리는 다른 사람과의 관계 속에서 살아가며 사고한다. 우리는 다른 사람과 관계를 맺을 때 그 사람에 대해 사고하고, 또 그 사람과의 관계 속에서 나에 대해 사고한다. 내가 그에게 주는 영향을 통해 내가 어떠한 사람인지 알아가고, 또 그가 나에게 주는 영향을 통해 또 다른 나를 쌓아간다. 그리고 그 과정을 통해 나라는 인격에 대한 좀 더 나은 이해가 형성된다. 따라서 관계 맺음은 주체성을 세우는 데 필연적으로 영향을 주는 요소이며, 또 주체성을 형성하는 데 필수적인 요소이다.

다음으로 관계 맺음은 행복을 찾는 길로서 중요한 의미를 지닌다. 행복은 '살아 있음 그 자체를 향유한다'는 의미를 지니기 때문에, 우리가 살아 있는 방식과 밀접한 관련이 있다고 볼 수 있다. 위에서 말했듯, 우리가 살아가는 방식은 어떤 종류이든 간에 관계를 맺는 것이다. 따라서 우리가 진정 살아 있음을 느끼며 행복해한다면, 그것은 관계 속에서 살아가는 삶을 향유하고 있다고 볼 수 있다.

실제로 우리는 행복한 가정에서, 그리고 친구들과 놀면서 살아 있다는 것을 절실히 느끼곤 한다. 성적에 절망하다가도 친구들과 어려웠던 시험에 대해 불평불만을 늘어놓고, 또 그들과 기분 전환거리를 찾아 떠들다가보면 우리는 어느새 절망에서 한 걸음 벗어나 있음을 발견하고는 한다. 늦게까지 기다리시는 부모님을 보면서, '아, 나는 소중한 존재로 살아 있구나' 하고 행복을 느끼기도 한다. 결국 이렇게 '관계 맺음'은 우리가 행복하기 위한 필수 요소인 것이다.

> 내가 가는 길이 험하고 멀지라도 그대 함께 간다면 좋겠네
> 우리 가는 길에 아침 햇살 비치면 행복하다고 말해주겠네
> 이리 저리 둘러 봐도 제일 좋은 건 그대와 함께 있는 것
> 그대 내게 행복을 주는 사람
> 내가 가는 길이 험하고 멀지라도 그대 내게 행복을 주는 사람
> 때론 지루하고 외로운 길이라도 그대 함께 간다면 좋겠네
> 때론 즐거움에 웃음 짓는 나날이어서 행복하다고 말해주겠네
> 이리 저리 둘러 봐도 제일 좋은 건 그대와 함께 있는 것
>
> 그대 내게 행복을 주는 사람
> 내가 가는 길이 험하고 멀지라도 그대 내게 행복을 주는 사람
>
> 이리 저리 둘러 봐도 제일 좋은 건 그대와 함께 있는 것
> 그대 내게 행복을 주는 사람
> 내가 가는 길이 험하고 멀지라도 그대 내게 행복을 주는 사람
> 그대 내게 행복을 주는 사람
> 그대 내게 행복을 주는 사람
> 그대 내게 행복을 주는 사람
> ─〈그대 내게 행복을 주는 사람〉, 해바라기

삶을 예술처럼, 세상을 예술처럼

김유리

1. 우리는 지금까지 예술을 어떻게 바라보았으며 진정한 예술이란 과연 무엇인가?

예술은 문자가 만들어지기 훨씬 전에 탄생해, 기록을 남길 때 사용되고, 심지어 문자를 만드는 데 기초가 되는 역할까지 할 정도로 중요한 도구로 다뤄져 왔다. 그 어떤 주제보다 오랫동안 자신을 표현하는 수단으로, 의사소통의 매개체로, 상처를 치유하는 도구로, 친구 같은 존재로, 주술적 의미나 종교의 수단으로 인간의 삶에서 여러 중요한 역할을 해왔다.

그렇다면 "오늘날 모두 쉬지 않고 바삐 움직이는 우리의 삶에서 예술은 어떠한 역할을 하는가?"라는 질문을 들었을 때 사람들은 어떤 답을 생각할까? 대부분의 사람들은 '아름다운 것, 그러나 시간적·경제적으로 여유가 있는 사람들이 즐길 수 있는'이라는 사치스러울 수도 있는 광경을 떠올릴 것이다. 그러나 두터운 편견에 가려졌던 예술의 진정한 역할은 분명히 존재한다. 그리고 그렇기 때문에 많은 사람들이 이 편견을 깨고 예술이 맡은 진짜 역할을 찾아 그 역할에 맞게 사용해야 한다. 자기 삶에 끌어와서 적용해야 한다. 어쩌면 사람들은 예술의 진정한 역할과 의미를 되짚어보지 않았기에 편견에 사로잡혀 '진짜 예술'과 만나지 못하고 이용하지 못하고 소통하지 못했는지도 모른다.

네모난 세상을 흘러가게 하는 예술

가장 일차적인 예술의 역할은 무엇일까. 예술 앞에 가장 어울리고 많이 쓰이는 형용사는 단연 '아름다운'일 것이다. 물론 '예술=아름다움'이란 공식은 참이 아니다. 아름다움이 아닌 다른 것, 놀라움, 충격, 슬픔의 감정 등을 표현하기 위해 만들어진 작품들도 있다. 그러나 많은 예술과 예술작품에서 우리는 아름다움을 느낄 수 있다. 짬을 내어 찾아간 미술관, 음악회, 연극이나 무용 공연에서 만나는 작품들(형태가 있든 없든 간에)은 대개 그 아름다움에 "아!" 하는 탄성을 내지르게 한다. 뿐만 아니라 일상에서도 자신의 요리, 미술작품, 노래한 곡부터 대자연의 모습까지 많은 '일상의 예술'에서도 아름다움을 느끼며 '아, 예술이다!'를 외치곤 한다.

그런데 예술의 아름나움이 하는 역할은 단순히 우리가 예술작품에서 아름다움을 느끼는 것에 국한되지 않는다. 그 아름다움은 예술에서 우리에게로, 우리에게서 우리가 살고 있는 이 사회로 옮겨갈 수 있다는 것을 박삼철 선생님 책을 통해 알게 되었다.

> 참된 미는 아름다운 세상을 기억하고 상상하면서 추한 세상을 비평한다. 아름다움으로 아름답지 못한 세상에 저항하는 것이다. 이것이 아름다움의 사회적 가치다. 사회가 미술가를 먹여 살리는 것은 사회가 잃어가고 있는 아름다운 마음씨와 눈, 솜씨를 필요로 하기 때문이다. 그리고 그들을 통해 아름다운 세상을 기억하고 성찰하며 상상하기 위해서다. 이럴 때 미술은 아름답지 못한 세상을 아름답게 만드는 기반, 즉 '인프라'가 된다.
>
> ―『왜 공공미술인가』, 박삼철

박삼철 선생님은 공공미술에 관련된 일을 하시고 책도 그에 관련된 것이라서 '미술'에 국한하여 이야기하셨지만 위의 글에서 미술이란 단어를 예술로 바꾸어도 의미는 같을 것이다. 예술이 그 자체로 아름다울 뿐만 아니라 아름다운 세상을 만드는 데도 기여할 수 있다니. 놀라울 따름이다. 왜 이런 노래도 있지 않는가?

> 네모난 침대에서 일어나 눈을 떠보면
> 네모난 창문으로 보이는 똑같은 풍경
> 네모난 문을 열고 네모난 테이블에 앉아
> 네모난 조간신문 본 뒤
> 네모난 책가방에 네모난 책들을 넣고
> 네모난 버스를 타고 네모난 건물 지나
> 네모난 학교에 들어서면 또 네모난 교실
> 네모난 칠판과 책상들
> ―화이트, 〈네모의 꿈〉

반복되는 일상만큼이나 정형화된 주변을 돌아보자. 우리에게는 이러한 빈틈 없는 네모난 세상보다는 건물의 곡선이 가져다주는 사고의 유연함, 미술 작품 한 장이 말해주는 정서적 위로, 음악 한 곡의 감동이 선사하는 즐거움이 필요하다. 네모난 풍경의 일부에 예술을 불어넣음으로써 우리는 더 행복한 일상을 만들어갈 수 있다. 회색의 단조로움과 매연이 가득한 도심 한가운데서 만나는 조각상 하나, 아름다운 건축물 하나는 우리에게 휴식과 위안, 웃음을 준다.

예술은 만국의 외교관이다
또 다른 예술의 진정한 역할 중 하나를 잡지 《INDIGO+ing》에 게재된 발터 펠트만 선생님의 글에서 찾아볼 수 있었다.

> 긴장과 불안이 끊이지 않는 세상에서 예술은 전 인류의 유일한 보편적인 언어가 될 수 있을 것이다. 예술은 인종과 문화를 초월하여 다양한 사람

들로 하여금 타인의 눈을 통해 세상을 보고 느낄 수 있게 해준다. 그리고
이것이야말로 진정한 공감이라 할 수 있을 것이다.

―《INDIGO+ing》 Vol.4, 72쪽

인류에게는 어떤 나라에서 어떤 언어와 문자를 쓰든 간에 그것에 구애받지 않
고 태어나면서부터 주어진 능력인 감성만 있다면 누구나 예술작품, 예술행위
를 보고 느끼고 사유할 수 있는 능력이 있다. 그리고 예술가든 아니든, 잘하든
그렇지 않든 누구나 자신의 생각을 회화, 조각, 무용, 사진, 영상 등으로 표현
할 수 있고 남의 작품을 해석할 수 있다. 생각을 표현하고 수용하는 방식에 있
어서 다른 사상적 기반을 가지고 있다든가 다른 언어를 사용한다든가 하는 것
은 전혀 문제되지 않는다. 소수의 언어를 사용하는 민족들이나 아프리카 원주
민들, 외국어를 전혀 할 줄 모르는 사람들도 지구 어디에서든 자신의 생각을
표현할 수 있고 그 어떤 사람의 예술작품도 자기 자신의 방식으로 받아들이고
이해할 수 있다. 이런 예술이 가진 특징의 연장선에서 발터 펠트만 선생님께
선 '전 인류의 유일한 보편적인 언어로서의 예술'의 역할을 이야기해주셨다.

그와 같은 맥락에서 다섯 번째 현대 아프리카 예술 비엔날레였던, 'DAK
ART 2002'의 전시 카탈로그에서 세네갈의 학술협회장 마리-호세 크레스핀은
'예술은 우리 대륙 최고의 외교관'이라는 표현을 사용하였다. 언어의 장벽, 문
화나 사상의 장벽을 뛰어넘는 사람과 사람 더 나아가 세계와 세계를 이어주는
것이 예술의 중요한 역할임을 볼 수 있는 글과 표현이었다.

내 삶의 가치를 기록하다

대다수의 사람들이 예술의 진정한 역할을 잘 모르고 있지만 조금만 찾아보면
의외로 많은 사람들이 여러 장르의 예술을 통해 자신의 의견을 토로하고 사회
와 세상을 바꾸려는 노력을 하고 있다. 예술작품에 표현된 그들의 생각들은
감성적이고 아름답기까지 하다. 그러나 그 어떤 글보다 뚜렷하고 강렬하게 다

가온다.

그 중 한 분으로 아프리카에 관한 사진 활동을 계속 해오신 사진작가 케리 코핀 선생님이 있다. 그의 글에서 사회라는 잔잔한 호숫가에 던져지는 예술이라는 돌의 힘과 역할, 의의까지 많은 것을 찾을 수 있었다.

> 내 동료들과 나는 시각 이미지, 기록되고 구전된 역사적 증언을 통해 신세계와 구세계를 아우르는 모든 아프리카의 움직임들과 현대 아프리카 사람들의 삶을 조명하려는 시도를 하고 있다. 우리들은 "아프리카의 도시나 현대적 중심지가 아프리카의 역사에 대한 전체적인 관점을 제시하는데 도움이 될 수 있는 풍요의 땅"임을 보이고자 한다. 또, 기록과 카메라가 판단을 내릴 힘을 가지고 있다는 것, 의미를 부여할 힘을 갖고, 힘없는 자들을 대변하고 또 현실을 창조할 수 있다는 것을 증명하고자 한다. 이렇게 세워진 현실은 궁극적으로 아프리카에 대한 우리 지식의 내용과 틀을 형성할 수 있을 것이다.
>
> 나는 모든 예술적 시도가 억압받고 소외된 사람들의 문화적·정치적 저항이라는 힘을 구성하는 하나의 요소가 되어 세계 속에서 그들의 정당한 자리를 되찾게 되기를 바란다. 우리는 언어, 문화, 국경, 대양, 산맥, 그리고 사막이 있는 그대로를 인정할 수 있음에도 정부의 경제적·정치적 체제는 우리들을 분리하고 이간질한다. 또한, 우리는 현대/포스트모던 사회의 모든 체제를—예술을 포함한—연대를 만드는 도구로 쓸 수 있을 것이고, 그것을 통해 심지어는 공통점을 찾을 수 없을 것 같은 신세계의 인류의 자손들과 지구 전역의 사람들과도 화합할 수 있을 것이다.
>
> —《INDIGO+ing》Vol.4, 77쪽

케리 코핀 선생님은 예술이 무엇보다도 자신의 의견을 반영하고 사회를 바꾸는 데 중요한 역할을 한다는 것에 뜻을 두고 아프리카와 아프리카 사람들의 삶을 카메라에 담아내고 있었다. 그는 자신의 사진들을 통해 아프리카 땅의 중요성을 보이고자 하셨고 그것을 위해 끊임없이 노력하셨다. 예술에 대해 다시 한번 정리해보면, 예술은 사람들의 문화적·정치적 저항의 도구이며 사회적·문화적·경제적 변화의 촉매제이며 계속해서 진행되는 논쟁이다. 또한 그렇기에 예술은 매우 중요하고도 실질적이며 다양한 역할을 지니고 있는 없어서는 안 될 존재인 것이다.

또 다른 한 분을 만나보자. 케리 코핀 선생님이 아프리카를 위한 예술을 하신다면 우리나라에는 친환경 소재로 자연을 그리시며 예술을 통해 환경운동을 하시는 분이 있다. 시각디자인학과 교수이시고, 환경디자이너로 잘 알려진 윤호섭 선생님이다. 1991년 만난 한 일본 청년을 통해 환경에 대해 주목하게 되신 선생님은 환경 관련 디자인 강의를 하시고 학생들과 함께 환경에 관한 전시회를 열기도 하셨다. 또한 2002년부터 매년 4월 중순부터 9월 중순사이에 일요일마다 인사동에서 자연에 관련된 소재들을 티셔츠, 손수건 등에 무료로 그려주는 퍼포먼스를 하신다. 환경을 향한 그의 따뜻한 마음이 느껴지는 녹색 그림들에 어른, 아이, 외국인들까지 가던 길을 멈추곤 한다. 매주 일요일, 그의 초록메시지가 전해지고 있는 것이다. 그는 자신이 그런 퍼포먼스를 하는 목적을 단 한 문장으로 표현한다.

"녹색의 잉크 한 통과 붓 한 자루면 사람의 마음속으로 들어갈 수 있답니다."

《INDIGO+ing》 Vol.6, 66쪽

어쩌면 환경이라는 큰 문제에서 한 사람의 실천은 당장 눈에 보이지 않는 미미한 성과라고 생각하고 경시해버리기 쉽다. 여러 가지 환경구호들을 당연시하지만 한 귀로 듣고 한 귀로 흘려버리기 십상이다. 그러나 환경을 이야기하기 위한 그의 노력과 시간이 첨가된 녹색메시지를 전하고 있는 그의 티셔츠는 분명 사람들로 하여금 환경문제를 되돌아보게 할 것이다. 녹색메시지를 전하기 위한 윤호섭 선생님의 노력의 땀방울은 그의 절실함을 나타내기에 충분하기 때문이다. 사람들은 그가 환경문제의식을 알리기 위해 그림을 그리는 열정적인 모습을 볼 때 환경을 생각하게 될 것이다. 그리고 그의 그림이 그려진 티셔츠를 입게 될 때 한 번 더 생각할 것이고, 티셔츠를 보는 사람에게도 환경오염에 대한 경각심을 불러일으킬 것이다. 그가 무료로 그려준 티셔츠에 대한 대가는 돈을 지불하는 것이 아니라 불필요한 전등을 끄고, 에어컨 대신 선풍기를 켜는 것으로 대신해야 할 것이다. 그의 말처럼 녹색 잉크를 통해 많은 사람들이 그의 생각을 받아들이게 될 것이다. 그의 환경메시지가 아름다운 작품, 자연이 그려진 티셔츠를 통해 퍼져나가고 그 효과가 사람들의 작은 실천으로까지 이어질 수 있다는 것이 놀랍지 않은가. 방법도 아름다울 뿐 아니라 사회를 변화시키는 효과까지 큰 예술의 역할에 고마운 마음이 든다.

순간을 간직한 절실함이 세상을 바꾼다

열다섯 번째 주제와 변주에서 사진작가 김홍희 선생님은 예술의 한 장르인 사진이 '사회를 정화하는' 역할을 한다고 이야기하셨다.

> 20세기에 들어오면서 사진이 많은 일들을 해냈습니다. 그 중 하나가 사회를 정화하는 일이었죠. 요즘은 텔레비전이나 영화 쪽으로 그 역할이 많이 넘어갔지만 말입니다. 유진 스미스라고 하는 미국 작가가 스페인에 1년 동안 살면서 스페인 빌리지라는 사진을 찍었어요. 그런데 그때 그 사진이 《라이프》지에 기고가 되고, 그 뒤에 그 동네에 병원이 생겼답니다. 그 오지에 정부에서 병원을 짓기 시작했대요. 그 사진에 병원이 등장하지 않았거든요.
>
> 그리고 루이스 하인이라는 작가도 이와 비슷한 작업을 했습니다. 1900년대 초반에는 미국의 어린아이들이 노동현장에 끌려가서 일을 했답니

다. 루이스 하인이 그 아이들의 사진을 찍어서 미국 국회에 제출합니다. 그러면서 그것이 노동운동과 관련되어서, 몇 살 이하의 아이들은 노동을 시키면 안 된다는 법이 제정되고, 또 하루에 일정 시간 이상은 노동을 하면 안 된다는 법이 제정되기 시작합니다. 그런 것에 일조한 사진들이 종종 있었어요.

-『주제와 변주2』제15회 김홍희 선생님 편, 164쪽

김홍희 선생님의 말씀에서 선생님이 '사회를 정화한다'고 표현한, 사회를 올바른 방향으로 이끌어 나가는 예술의 역할을 확인할 수 있었다. 김홍희 선생님을 비롯한 사진작가들의 셔터 한 번에 만들어지는 사진 한 장이 이렇게 큰 변화를 일으킬 수 있다는 사실이 놀라울 따름이다. 사회를 고발하고, 사회에 요구하기 위해서 푯말을 들고 시위를 벌이는 것만이 전부가 아니다. 자기가 가장 잘 할 수 있는 일에서 목소리를 내는 것이 가장 중요하고 또한 효과적이다. 사회를 바꿔놓은 예술로 또 다른 예가 있다.

예술은 세상을 바꾸는 원동력이 되기도 합니다. 이제 예술성뿐만 아니라, 사회적 의식이 예술의 가치를 판단하는 중요한 요소가 되었다는 말입니다. 밥 딜런이란 포크가수를 아시나요? 이 가수의 별명은 '노래하는 음유시인'입니다. 왜 그런 별명을 얻게 되었냐면, 사회에 대한 비판의식과 저항정신을 그의 음악은 표출했고, 또 실제로 세상을 바꾸었기 때문입니다. 60~70년대를 살았던 많은 젊은이들에게 〈Knocking On Heaven's Door〉는 반전의 송가였고, 〈Like A Rolling Stone〉은 물질만능주의와 사회의 부조리함을 고발한 자유의 송가였습니다. 오늘날 그의 음악들은 베토벤이나 슈베르트에 비견되는 고전으로 자리 잡았으며, 그의 노래 중 〈Like A Rolling Stone〉은 세상을 바꾼 대중문화에서 1위를 차지하곤 했죠.

마찬가지로 이 노래들도 사회의 부조리함을 정화하고자 하는 사회적 파장을 만들어내는 데 많은 기여를 한 예술이다. 언뜻 보면 예술과 사회의 여러 가지 실질적 문제들은 전혀 관련이 없어 보인다. 하지만 사진 한 장, 노래 한 곡이 사회현실을 이야기하고 문제점을 꼬집어내어 사회를 바꾸는 데 성공했다. 예술을 통해 여기저기서 크고 작은 사회적 파장들이 일어났으며, 지금 이 시간에도 일어나고 있는 것이다.

예술이라는 무지개다리 놓기

분명 소수의 사람들에겐 미술이 자신의 돈을 과시하기 위한 사치품으로 이용되기도 할 것이다. 심지어 요즘에는 미술이 부동산시장을 잇는 재테크의 수단이 된다고도 하던데, 이것은 우리의 물질만능 풍조를 대변하는 동시에 많은 사람들이 미술의 가치를 인정하고 있다는 말일 것이다. 미술이 개인에게 어떻게 다가오든지 간에 많은 사람들에게 예술은 넓은 범위에서 실질적으로 다양한 역할을 하고 있음에 틀림없다. 여러 훌륭한 예술가의 경우들을 통해 예술의 여러 역할들을 확인할 수 있었다. 일차적으로 예술은 아름다움을 제공하며, 우리 삶을 생기 있고 아름답게 만든다. 사람들의 감성에 호소하지만 그 어떤 글보다 뚜렷하고 강렬하게 작가의 의사를 전달한다. 또한 사회적 파장을 만들어내 성과를 내기도 한다.

그런 예술의 특성을 무지개다리에 빗댈 수 있겠다. 무지개다리는 그 자체로도 아름다움으로 보는 즐거움을 주며, 또, 거기에 그치지 않고 사람과 사람, 사람과 사회, 더 나아가 문화와 문화, 나라와 나라를 연결하는 훌륭한 가교 역할을 할 수 있기 때문이다.

많은 사람들이 잘 모르고 있지만 예술은 아름다움을 주는 것, 그 이상으로 넓은 분야에서 많은 역할을 맡고 있고, 앞으로도 그러할 것이다. 예술이 그 역할을 하도록 하는 것은 예술가들만의 몫이 아닌 우리 모두의 몫이다. 곳곳에서 예술의 역할을 확인해보자. 그리고 아는 것에 그치지 말고 제대로 행할 수 있는, 무지개다리를 놓는 우리가 되어야 할 것이다.

인간을 구원할 것은 예술이고, 존재하는 이 모든 것을 인정할 수 있는 것은 오로지 미학적인 견지에서일 뿐이다.

-니체

2. 예술이 순수와 내면에 치우쳐 사회로부터 끊임없이 탈주하는 지금, 대중과 예술의 소통 문제는 어떻게 해결할 수 있을까?

앞에서 예술의 다양한 역할들에 대해서 살펴보았는데, 그 역할들을 행할 수 있도록 하는 첫걸음은 바로 예술을 느끼고 또 예술과 소통하는 일이다. 소통이란 무엇이며, 소통의 현주소는 어디쯤일까? 또 소통하기 위해서는 어떻게 해야 할까?

예술! 너 빨리 세상 밖으로 행군하라
박삼철 선생님과 함께한 19회 주제와 변주에서 예술과 사람의 소통에 관해서 여러가지 문제점들이 제기되었다.

> **이해미** : 일전에 삼성미술관 리움에 갔었거든요. (……) 예매를 하니까 공짜 쿠폰을 받았어요. 그런 것만 좋았지 들어가는 문턱은 너무 높았어요. 그리고 그 작품을 몰입해서 본다기보다는 이상한 기류가 흐르는 듯한, 정말 편안하게 작품을 감상하는 게 아니라, 내가 정말 미술관에 와 있군 하는 분위기가 흐르는 거예요. 진짜 후다닥 나왔어요. 맘에 드는 작품은 겨우 하나 봤어요. 나머지는 있는지 없는지도 모르고 왔어요.
>
> **박삼철** : 여러 가지 문제를 지적하셨습니다. 우선 우리나라 미술관과 박물

관 문화가 제대로 활성화되어 있지 않아 생기는 문제들을 생각해봐야 할 것 같습니다. 미술관이라고 하면 우리는 마음 먹고 때빼고 광내어 시간을 잡아야 겨우 갈 수 있는 곳입니다. 외국에서는 굉장히 자연스럽게 가는 곳이 미술관과 박물관이고 거의 커뮤니티 하우스나 동네 사랑방처럼 들락날락거리는 공간입니다. 우선 우리 미술관과 박물관 숫자가 절대적으로 부족한 것이 문제입니다.

─『주제와 변주2』 제17회 박삼철 선생님 편. 328쪽

질문자가 예술과 일반인들의 소통을 가로막는, 복잡한 절차를 거쳐야만 들어갈 수 있는 미술관에 대해 이야기하자, 박삼철 선생님은 두 가지 대안을 말씀해주셨다. 첫 번째는 일차적으로 미술관의 수가 부족하니 양적인 해결을 하자는 것이고 두 번째는 문화의 주체인 우리가 당당하게 우리의 권리를 요구해야 한다는 것이다.

이 문제는 예술 중 하나인 미술에 관해 이야기하고 있지만, 미술뿐 아니라 모든 예술 분야가 거의 같은 상황에서 소통의 문제를 앓고 있다. 박삼철 선생님의 말처럼 일단은 우리나라에 턱없이 부족한 미술관, 극장, 공연장 등 소통의 공간을 많이 만들어 많이 접하는 것이 가장 급한 일이다. 또한, 수를 늘릴 뿐만 아니라 많은 이들이 쉽게 다가설 수 있도록 들어가는 문턱을 낮추는 노력도 해야 할 것이다. 아무래도 많이 접해야 좋아할 수 있고, 좋아하고 관심을 가져야 소통이 가능하게 되기 때문이다. 예술과 우리의 삶에 괴리감이 있었던 가장 근본적인 이유는 만남의 부족이 아닐까. 친해질 기회가 없었기 때문에 그런 것이 아닐까.

그리고 이렇게 접하기 힘든 예술에 대해, 문화와 예술의 주인으로서 "나도 보게 해달라, 나도 연구하게 해달라"라며 불만도 이야기하고 필요한 사항을 요구하기도 하는 주체적인 태도를 지녀야 한다. 소통의 공간이 없다면 그것을 요구하고 만들어야 하고, 그렇게 소통의 장이 마련된다면 예술작품들과 소통

함으로써 주인된 역할을 다하고, 그것들을 '살아 있게' 만들어야 한다.

모든 물건, 심지어는 사람이나 추상적 개념까지도 자신의 역할에 맞게 잘 쓰일 때 가장 빛을 발하며 그 가치가 두드러지게 된다. 마찬가지로, 예술작품의 가치는 귀하다고 꽁꽁 숨겨두고 가끔 내비치는 희소성에 있는 것이 아니라 모두가 그 작품에 대해 이야기하고 모두에게 관심을 받고 소통이 이루어질 때, 그때서야 비로소 진정한 가치가 빛을 발하는 순간인 것이다.

큰 물줄기에서 작은 물줄기로 물꼬 트기

올해 봄, 〈영국. 미술의 신화를 만들다〉라는 제목으로 엄청난 미술의 발전을 이룩한 영국을 중심으로 만든 KBS다큐멘터리가 있었다. 영국은 현대미술의 중심지가 되었고 영국 국민은 4분의 1이상이 미술에 관심이 있다. 또 전시관과 함께 카페와 레스토랑도 있는 미술관에서 예술과 문화에 대한 토론을 벌이고 많은 수의 아트 페어가 열린다. 미술상도 아카데미상처럼 전국으로 생중계를 하고 있을 만큼 대중성을 가지고 있다. 누구나 자주 공짜인 공공미술관에 들락날락거린다……

이 모든 영국의 미술산업의 발전은 미술을 장려하는 영국 정부가 있었기에 가능했다. 영국 정부는 국민들이 예술을 사랑할 수 있도록 하기 위해, 예술의 중심지가 되기 위해 많은 노력을 해왔다. 제도적으로도 예술에 관심을 가질 수 있도록 유도하고 있다. "미술품을 가지세요!"라는 문구로 미술품을 사는 데 최대 360만 원까지 무이자 대출을 해준다고 한다. 돈을 무이자로 빌려주는 제도뿐 아니라 미술품을 비싸지 않은 가격에 구입할 수 있는 기회도 있다. 수많은 아트 페어 중 하나인 '감당할 만한 아트 페어'라는 주제의 아트 페어에서는 최고가 500만 원까지인 '적당한 가격의 진품'들을 판매한다. 부자가 아닌 보통 사람들에게도 예술을 접하고 살 수도 있는 길이 있는 것이다. 그렇게 제도까지 도입하여 미술품 수집을 권장하고 미술에 지속적인 관심을 가지도록 하는데 영국의 예술산업은 성장할 수밖에 없다. 영국은 이런 미술산업의 발전으로 경제적 이익까지 톡톡히 보았다고 하니 부럽지 않을 수 없다.

예술과의 소통에 꽉 막혀 있는 우리나라의 경우도 영국처럼 정부가 개입해 물꼬를 터줄 필요가 있다. 부자들이 특권처럼 가졌던 예술이 큰 물줄기라면 이제는 작은 물줄기들이 땅 끝까지 퍼져나가 모든 땅을 살아 있게 만들게 하기 위해, 여러 제도의 도움으로 물꼬를 트는 방법을 생각해봐야 하지 않을까. 물론 주체적이고 자율적으로 시민들이 활발히 예술과 소통을 하게 된다면 가장 좋겠지만 지금 정말 소통이 잘 안 되고 있고 그렇게 되기까지 시간도 많이 걸릴 것이다. 그러니 잘 된 사례인 영국의 경우를 참조하여 예술에 대한 관심을 촉구하고 소통을 장려하는 방식으로 정부가 물꼬를 트는 데 개입할 필요가 있을 것이다.

정답이 없는 질문을 두고 정답을 찾아 헤맬 필요는 없지

많은 사람들이 예술작품과 소통하려고 한두 번 노력해보다 지쳐, 그 후론 별 시도도 해보지 않고 "예술은 어려워"라고 뱉어버리는 것이 사실이다. 아마 예술작품을 해석하는 것이 쉽지 않기 때문일 것이다. 그리고 자기 나름대로 해석해본 것과 작가의 의도가 다르다는 것을 알게 되었을 때, 더 이상 사유하기 싫어지는 것은 어찌 보면 당연하다. 그러나 예술작품을 다 해석할 줄 알아야 예술을 사랑하고 이해한 것이 되는 것은 아니다. 그러니까 작품을 이해하지 못했다고 해서 그 작품에 대해서, 작품의 배경에 공부하고 미술사를 달달 외울 필요는 없다. 물론 아는 만큼 더 볼 수 있는 것은 사실이지만 예술은 아예 작품이나 작가에 대한 사전 지식, 그 시대상의 특징, 작가가 말하고자 하는 바를 몰라도 자기 나름의 해석과 소통을 할 수 있는 유일한 것이라고 할 수 있다. 오히려 배경지식이 하나도 없는 상태에서 자기 나름의 해석을 하며 소통을 시도해보는 것이 더 신선하고 창의적인, 얽매이지 않은 해석을 할 수 있지 않을까. 그래서 좀 전 발터 펠트만의 글에서 그가 '예술은 전 인류의 유일한 보편적인 언어'라고 하지 않았는가.

박삼철 선생님도 작가가 나타내는 것을 잘 이해하지 못하겠다는 질문자의 질문에 같은 맥락의 대답을 해주셨다.

질문자 : 제가 경복궁에서 열리는 백남준 씨 스튜디오에 갔었습니다. 그것을 공공미술이라고 보지는 않잖아요. 근데 그걸 보면 왠지 저분 되게 멋있는데, 정말 좋아서, 이런 말을 하는데 근데 저 사람이 나타내고자 하는 게 뭐지, 좋긴 좋은데 잘 모르는 부분이 많거든요. 근데 우리가 받아들이면서 만들어가야 할 공공이 있는 것인지 궁금합니다. 즐겁게 살아가려면 우리 주변의 즐거움을 스스로 만들어가야 할 부분도 있잖아요.(……)

박남철 : 좋아서 자꾸 보면 저절로 알게 됩니다. 꽃을 예로 들어보겠습니다. 꽃을 좋아하는 것이 꽃의 논리 때문입니까? 꽃에 논리가 있습니까? 좋아서 보는 것이지요. 그런데 좋아서 자꾸 보다 보면 문양이 눈에 들어오고 구조와 의미가 다가오고 그렇게 감성적 체험을 통해 개념적 탐구로 나아가게 됩니다. 사랑하니까 더 잘 알고 싶은 것이겠죠. (……)

백남준 선생은 미술사의 흐름에서 굉장히 엉뚱하게 간 분입니다. 다들 회화, 조각으로 가는데, 그분은 TV에 담긴 테크놀로지적 속성을 유심히 탐색하면서 그 탐색을 조각으로 풀었습니다. 그래서 미술사의 흐름과 백남준 창안의 미디어적 속성을 작품의 문맥으로 알 필요가 있습니다. 사전 정보가 필요하다는 이야기입니다. 하지만 정보는 작가정보만 취하시고 작품정보에는 너무 의존하지 마세요. 보시고자 하는 작품전의 작가가 어떤 경험을 중시하고 어떤 형식과 주제에 관심을 갖고 있는지에 대해 참조하면 웬만한 작품은 다 해석할 수 있습니다. 작품설명에만 의존하면 작품을 능동적으로 탐험하고 해석하는 능력을 키울 수 없습니다. 가급적 작품 설명이나 미술관의 도슨트 설명은 멀리 하십시오.

－『주제와 변주2』 제17회 박삼철 선생님 편, 356쪽

어쩌면 예술에서의 소통은 A를 어떤 사람은 B로, 어떤 사람은 C로 해석할 수 있다는 것이, 1년 전엔 C로 오늘은 D로 해석할 수 있다는 것이 오히려 매력적이지 않은가. 다양한 해석이 무한대로 나타날 수 있다는 것이 예술이 가진 고유한 특징이며 장점이기도 하다.

개인적인 이야기지만 백남준 씨 스튜디오에 갔을 때도 그랬고 달리의 그림을 처음 접했을 때도, 샤갈의 전시회장에 갔을 때나 책으로 고흐의 그림을 눈이 빠질 새라 쳐다봤을 때에도 비록 나는 아무것도 몰랐지만 그림을 마주 대하고 있다는 그 자체가 즐거웠고 결코 예술이 객관적인 것이라고는 생각하지 않았다. 단지 나는 내가 가진 눈과 언어로 한 예술가의 시간을 뛰어넘는 친구가 되는 것이다.

대부분의 사람들은 약자를 돕고, 세계에 봉사하는 좋은 일을 하기 위해서는 '자신이 재력을 갖춘 뒤에'라는 전제를 깔고 지금 할 수 있는 일들은 생각해보지 않는다. 거창하다고 여기기 때문에. 어쩌면 우리는 예술도 그런 관점에서 봐왔던 것은 아닌가. A를 B로 받아들이는 소통은 인정하지 않은 채 우리는 어느 정도 부와 권위를 갖춘, 그러니까 남들보다 높은 사회적 위치에 있을 때, A를 알기 위한 교양을 쌓고 난 후 비싼 옷을 입고 미술관, 음악회에 가야 한다는 허상의 이미지에 지배되어 있었던 것은 아닌지. 그래서 예술과의 소통을 나중으로 미뤄왔던 것은 아닌지…… 다시 한 번 생각해볼 일이다.

예술과 친구가 된다는 것은……

많은 사람들이 일상에서 예술을 소통하기 위해서는 아직 많은 과제가 남아 있다. 이 과제를 하나하나 풀어가기 위해서는 극장, 미술관을 세우거나 예술과의 소통을 장려하기 위한 제도를 도입한다거나 하는 큰 계획들도 필요하겠지만 주인의식과 주체성, 자기 나름대로의 소통의 시도 등 개인의 노력도 매우 필요하다. 미술관에 가서는 나의 언어로 타인의 언어를 이해할 때, 또 음악을 들으면서는 선율이 주는 메시지에 나를 집중시킬 수 있을 때 우리들은 진짜로 예술과 친구가 되었다고 할 수 있을 것이다. 두 노력이 모두 어우러져 예술과의 소통이 원활해짐으로써 예술의 힘으로 우리 사회까지도 더 아름답고 더 올바른 방향으로 나아갈 수 있었으면 좋겠다.

3. 영감을 던져주는 대중매체는 존재할 수 없는가?
디지털 카메라와 대중매체도 예술이라고 할 수 있는가?

청소년들, 특히 입시전쟁 속에 살고 있는 고등학생이 "오늘은 자습을 빠지고 연극 보러 가겠습니다"라고 선생님들께 말씀드렸을 때, 어떤 반응을 보이실 까? 어느 학교든 비슷비슷할 것이다. '여유롭네', '연극 볼 군번이야?', '수학 문제나 하나 더 풀어.', '대학 가서도 얼마든지 할 수 있어······' 예술을 즐기는 문화생활은 하기 힘들고, 사실 하려고 하는 학생도 많지 않다. 연극부, 음악부, 무용부, 미술부 등 그나마 주어진 학교 동아리 활동도 '너무 가끔' 이루어지는 데다 적지 않은 학교에서 그러한 부서 활동시간을 자습시간으로 '활용'해서 단지 이름뿐인 경우가 허다하다. 해가 가면 갈수록 과열되는 입시경쟁으로 아버지와 어머니 세대가 시집도 읽고 문학토론도 했던 것과는 대조적으로 요즘 시집을 옆구리에 끼고 다니는 청소년을 찾는 것은 숨은 그림 찾기를 하는 것보다 훨씬 힘들다.

위낙 공부하기 바쁜 청소년이다 보니 선생님들은 그런 예술적 감성을 가르치는 일에 중점을 두지 않고 수업진도 나가기나 예체능 수행평가 치뤄내기에 급급하다. 청소년들도 별로 예술에 관심을 보이지 않고 느끼려 하지도 않는 것 같다. 입시경쟁 속에서 책의 딱딱한 지식과 씨름하다보니 청소년기의 예민하고 민감한 감수성이 딱딱하게 굳어버리는 것이다. 감성을 다시 말랑말랑하게 만들고 또 유지하기 위해서는 예술을 느껴야만 한다.

청소년들의 삶 속으로 흘러들고 있는 예술

소제목이 수긍하기 힘들었다면 당신도 좁은 눈으로 예술을 바라보고 있었던 것은 아닌지 의심해볼 필요가 있다. '예술'이라고 하면 사람들은 보통 정통 순수예술인 시, 회화, 음악, 조각, 무용만을 떠올렸고 아직도 예술이라고 하면 이 다섯 가지 장르, 그중에서도 고전적인 것들을 먼저 떠올리고 그 후에 나머지 다른 장르들을 덧붙일 것이다. 그만큼 '정통 순수예술=예술'이라는 통념이 아직 많이 존재하고 있어서 그 통념에 따라 청소년은 예술과 엄청난 거리를 두고 살고 있다고 결론지어버리기 쉽다. 하지만 넓은 의미의 예술의 측면에서 보면, 사실 우리 청소년들은 현대의 그 어떤 연령대보다 예술과 밀접한 관계를 맺고 있다.

정통 순수예술을 즐기기 위한 활동에는 아무래도 시간과 노력이 더 많이 소모되는 것이 사실이다. 그렇기에 쉽게 접할 수 있는 예술인 대중음악, 디지털카메라 등을 선호하게 된 것이 아닐까. 어쨌든 청소년들은 그들 나름대로 선생님과 부모님의 '여유롭네'라는 핀잔을 피할 수 있으면서도, 삶에 위안을 주고 기쁨을 주는 예술을 택하기 위해 대중예술을 즐기는 것이다. 접하기 쉽고, 많이 어렵지 않다는 대중예술, 대중문화의 '대중성'이라는 강점을 잘 이용하고 있는 것이다. 정통 순수예술은 아니지만 대중예술을 통해 우리는 우리 나름의 예술을 일상에서 실현하고 있다. 시집을 옆구리에 끼고 걷지는 않지만, 대신 길을 걸으며 이어폰을 통해 흘러나오는 음악을 듣는다. 또 아무래도 수동카메라보다 편한 디지털카메라가 일반화됨에 따라 청소년들은 그들의 삶을 사진 한 장에 담아내기도 한다. 그렇게 대중음악을 듣고 디지털 카메라를 사용함으로써 청소년들은 많은 시간을 예술과 밀접한 연관을 맺으며 일상을 살아가고 있다.

'정통 순수예술=예술'이라는 통념에 젖어 있는 어른들과, 대중예술을 인정하지 않으려는 순수예술가들은 청소년들이 누리고 있는 대중예술을 예술의 한 분야라고 생각하지 않는다. 간혹 청소년들 중에서도 자신이 누리고 있는 대중예술, 대중문화를 예술이라고 생각하지 않는 친구가 있을지도 모르겠다. 하지만 역할, 목적, 장르 어디를 따져봐도 디지털카메라와 대중음악 등도 예술의 일부다. 우리는 분명 예술을 즐기고 있다.

그러나 순수예술과 대중예술을 구별하려는 경향은 오늘날에도 여전하다. 많은 예술가들 혹은 예술이론가들이 대중적인 예술을 못마땅해하거나 하위 예술로 취급하며, 심지어는 예술의 범주에서 빼기도 한다. 이들이 보기에 대중예술은 천박하기 이를 데 없으며, 새로운 미적 가능성의 창출이라는 예술가의 소임을 수행하지도 못한다.(124쪽)

실제로 순수예술과 대중예술을 구별하는 기준 자체가 모호하다. 순수예술과 대중예술을 구별하려는 이론가들의 기준을 보더라도 그다지 설득력 있는 것이 없다.(……) (126쪽)

예술의 역사가 보여주듯이, 예술은 새로운 시도나 예술의 대중화에 그다지 관대하지 않았다. 가령 19세기 중엽에 인상주의 화가들이 새로운 유형의 그림을 들고 나왔을 때, 기성 미술계는 이들을 기본이 부족한, 천박한 예술가로 취급했다.(127쪽)

프랑스 사회학자 피에르 부르디외에 따르면, 예술의 사회적 기능 가운데 하나다 특정 계급을 사회적으로 다른 계급과 구별짓는 장치 혹은 사회적 자산 역할을 하는 것이다. 근대 부르주아 계급이 사회지도층이 되기 시작한 자본주의 초기, 사회가 상위계급과 하위계급으로 성층화되어 있는 한 그들이 향유하는 문화는 다른 계급의 그것과 달라야 했다. 상위계급은 자신의 문화를 우월한 것으로 간주했을 뿐만 아니라 아예 문화 자체를 자신들만의 소유로 여겼다. 예술은 이러한 구별짓기를 위한 문화적 자산이었던 셈이다.(127쪽)

과거에는 귀족이나 중산층의 예술과 문화가 헤게모니를 장악했다면, 오늘날에는 대중문화가 점차 예술과 문화의 헤게모니를 장악하고 있거나 이미 장악한 상태다. 어떤 측면에서는 모든 예술이 대중을 위한 대중예술이 되었다고 볼 수 있다. 이런 상황에서도 고급예술이나 순수예술과 대중예술을 절대적으로 구별하려는 것은 예술이 특정 계급의 배타적 전유물이던 시대에 대한 향수이자 허위의식에 불과하다.(128쪽)

－『철학, 예술을 읽다』중에서

Just a Feeling!

힙합, R&B, 록, 발라드, 클래식, 재즈. 모두 인간의 정신적 풍요를 누리기 위한다는 예술의 목적에 부합한데 이들 사이의 우열을 가릴 수 있을까? 예술에 우열이 존재한다면 그 기준은 상대적일 것이다. 자신에게 중요하고 가장 감동을 주며, 가장 힘들 때 위로가 되는 것이 그 사람에겐 가장 중요한 예술일 것이며, 한 시대에 가장 중요한 역할을 담당했던 사진 한 장, 노래 한곡이 있다면 그 시대에는 그것이 가장 중요한 예술일 것이다. 나는 그룹 퀸의 〈Don't Stop Me Now〉를 들으면 심장이 빠르게 뛰면서 어디론가 질주하고 싶다. 나로 인해 무한한 가능성을 노래하게 한다. 동시에 힘든 일이 생기면 빈센트 반 고흐의 〈cafe terrace on the place du forum〉를 보면서 위안을 삼는다. 순수예술과 대중예술을 군이 구분지을 필요가 있는가? 순수예술과 대중예술을 구분하는 확실한 기준은 없으면서, 대중예술이 그 역할을 다하고 있음에도 불구하고 나누어서 대중예술을 비난하는 태도는 결코 올바르지 않은 것 같다.

어떤 예술이든 간에 그것을 일상으로 끌어와 자신을 위해 쓰고 있다는 것은 좋은 일임에는 틀림없다. 느낌을 주고 감동을 주고 자신에게 의미를 주면 그만이다. 꼭 우열을 가릴 필요가 없다.

우리 예술교육의 현주소

과학과 기술의 발전이 우리에게 경제적 발전을 이끌어내어 물질적인 풍요를 만들어주었다면, 예술은 우리의 정신을 풍요롭게 하는 것이라는 사실에 누구나 고개를 끄덕거린다. 항상 물질적인 것보다 정신적인 것을 먼저 생각하라고 배워왔지만 정신적인 풍요를 누리는 방법, 즉 예술을 느끼고 소통하는 방법은 제대로 배운 적이 없다. 대신 물질적 풍요에 목매는 어른들의 모습을 보며 거기에 대한 환상과 바람만 커져갔다. 덕분에(?) 청소년 때부터 물질적인 풍요를 누리기 위해서 모두가 노력하고 있지만 정작 정신적인 풍요를 누리기 위해 예술을 삶 속으로 끌어와 살아야겠다는 결심을 하는 사람은 많지 않다.

일주일에 한두 시간 음악시간과 미술시간이 있지만, 예술의 진정한 의미, 소통하는 법, 느끼는 법 같은 걸 배우지는 않는다. 내신에 반영되는 수행평가이기에 1점 더 받기 위해 급급해하고 이론시험이 있을 때는 내용도 잘 모른 채 암기과목의 하나로써 달달 외우고 시험 치고 난 후엔 금세 잊어버리곤 한다. 수능과목이 아닌 탓에 고학년이 될수록 자습시간으로 변신하는 비주류 과목이 된다.

사회로 나가는 어른이 되기 전 단계인 청소년기에 감성적으로 예술을 느끼고 이해하는 법도 배워야 할 텐데. 그래야 어른이 되어서 예술을 자기 삶으로까지 끌어와 소통하는 삶을 살 수 있을 텐데…… 실로 문제다. 우리의 교육은 입시라는 바쁜 일성에 얽매여 그런 역할을 하지 못하고 있다.

꽃을 피워내기 위해서는

교육에서 예술적 감성을 길러내는 데 전혀 중요성을 두지 않아 학생들로 하여금 예술의 중요성을 간과하도록 한다. 하지만 이런 교육을 받는 시대에도 누가 시키지 않았는데도 많은 청소년들이 대중음악을 즐기고 사진 찍는 것을 즐기고 최근 우리 나라에서는 UCC까지 활성화되고 있다. 이것은 예술에 대한 관심의 끈을 놓지 않음으로써 다양한 예술과 소통할 수 있는 가능성을 내포한다. 얼마나 다행스러운 일인가.

계속해서 자신이 좋아하는 반찬만을 먹으면 불균형적인 영양소 섭취로 건강에 좋지 않다. 청소년들이 경계해야 하는 것은 바로 이런 편식하는 태도이다. 즉 자신이 좋아하는 분야의 예술과만 소통하는 것을 고집해서는 안 된다는 뜻이다. 모두가 편식하지 않아야 한다. 자신이 좋아하는 분야부터 시작해서 소통하는 예술의 분야를 점점 넓혀나가고 넓은 예술의 분야를 고루 사랑할 수 있는 청소년이 되기를 기대해본다.

교육

토토, 모리를 만나다

이상화

1. 우리들의 교육혁명, 19세기 교실에서 20세기 교사가 21세기 아이들을 가르친다?

자명종이 울린다. 도무지 떠지지 않는 눈을 부비며 비몽사몽 일어나서는 밥도 먹은듯 만듯 대충 교복을 입고 학교로 향한다. 지각을 하면 벌점을 받게 된다는 것을 알기에 투덜대면서도 어쩔 수 없이 헐레벌떡 교문을 통과하고, 1교시가 시작되어서도 아침의 피로 탓인지 학기 초의 결심과는 달리 연신 헤드뱅잉이다. 한숨 푹 자고 시작했으면 하는 마음이 굴뚝같지만 학교라는 작은 사회에는 기본적으로 벗어나지 않을 것을 전제로 정해진 일정한 테두리가 있기 때문에 그럴 수 없다. 즉 학교라는 공간은 상대방을 배려하고 자신의 행동을 절제하는 방법을 배우는 곳이다.

그러나 이러한 학교의 순기능과는 달리 막상 학교의 교칙을 살펴보면 '이런 규칙들까지 학교의 테두리 안에 속해야 하는 걸까?', '왜 학생들의 의견은 적극 반영되지 않았지?' 하는 생각이 들게 마련이다. 두발규제, 가방과 신발의 종류 및 색상 세한, 색깔이 있는 머리빙울 착용금지 등 셀 수 없이 많다. 이러한 제도는 소위 학교와 사회가 정한 임의의 규칙을 잘 따르는 학생은 모범생, 어기는 학생은 불량학생이라는 잘못된 이미지를 심어줌으로써 학생을 판단하는 기준을 좁게 하는 측면이 있다. 이런 규제들은 모두 우리가 공부하는데 보다 도움이 된다는 '관련성 없어 보이는' 명분하에 시행된 것들이다. 또 그런 교칙위반에 대한 처벌도 선생님에 따라서, 때에 따라서, 장소에 따라서 매번 달라서 이제는 교칙에 대한 회의감이 들 정도이다. 수업시간에는 민주주의와 합리주의를 배우지만 실제 학교생활을 할 때는 도리어 주인의식을 가진 민주적인 학생이 불량 청소년으로 낙인찍혀 버린다. 이러한 현실의 모순 속에서 우리는 혼란스럽기만 할 따름이다. 우리는 제5회 주제와 변주에서 학교의 모순된 시스템을 지적하지 않고, 현재 우리가 '별 생각 없이' 따르고 있는 학교문화의 역사에 대해 역사학자 한홍구 선생님과 이야기를 나눈 적이 있다.

한홍구 : 일제 말기에 왜 의무교육을 실시해서 국민학교를 많이 지었느냐? 일제가 조선 사람들의 교육수준을 갑자기 높여야겠다고 착한 마음을 먹고 그랬겠습니까? 바로 전쟁터에 끌고 나가기 위해서죠. 여러분, 국민학교 처음 들어갔을 때 뭐 했지요? '앞으로 나란히' 죠. 대한민국의 국민학교에 처음 들어가면 제일 먼저 배우는 게 '앞으로 나란히' 잖아요. 그게 뭡니까? 제식훈련 아녜요? 학교의 시작 자체가 한 명의 자유로운 시민을 키워내는 게 아니라, 예비 군인을 키워내는 거예요. 스무 살이 되도록 학교도 한 번 다니지 않은 농촌 총각을 군대에 당장 집어넣으면 얼마나 힘들겠어요? 조직의 쓴맛이라고는 본 적이 없으니까요.(웃음) 학교생활이라는 것이 십몇 년 동안 조직의 쓴맛을 배우는 거 아닙니까?

그 다음에 시간관념을 배우는 거 아녜요. 몇 시에 종 치고, 몇 시에 밥 먹고, 몇 시에 자고 그런 것들. 농촌 총각은 어때요? 해 뜨면 일어나고, 해 지면 일마치고, 자고. 또 배고프면 밥 먹고. 이런 자유로운 생활을 해 온 사람을 규율 속에다 집어넣는 거예요.

　　　　　　　　　　　　　－『주제와 변주』 제5회 한홍구 선생님 편, 230쪽

한홍구 선생님의 말씀을 듣고 굉장한 충격에 휩싸였다. 우리가 다니고 있는 학교와 가장 닮은꼴이 군대이고, 일제 식민지로부터 광복을 맞은 지 60여 년이 다 되어가는데 아직도 우리가 일제 식민지 때의 교육방식에서 단 한 발짝도 벗어나지 못했다는 바로 그 사실 때문에.

생각해보면 우리나라가 진정한 의미의 민주주의를 누린 것도 17년 정도에 지나지 않는다. 〈말죽거리 잔혹사〉와 같은 과거의 학교모습을 다룬 영화를 보거나, 부모님 세대의 학교생활 이야기를 들어보면, 확실히 지금의 학교는 그 시대와 같은 비상식적이고 비인간적인 체벌과 규제가 많이 줄어들었다는 점에서 학생들의 인권에 대한 인식에 보다 많은 발전이 있었다고 할 수 있다.

하지만 여전히 우리 학생들은 하루하루 여러 가지 비상식적인 학교 내의 모순과 맞닥뜨린다. 그와 동시에 이러한 모순에 대항해서 우리가 할 수 있는 일이 생각보다 많지 않다는 실망과 함께 무력함을 느끼기도 한다. 나부터도 그렇다. 학교에서 정말 이해가지 않는 비합리성과 모순을 느껴도, 선생님께 왜 그렇게 해야 하는지에 대해 물어보기보다는 그냥 한 번 참고 말자는 생각을 하게 된다. 괜히 선생님께 이의를 제기했다가는 말대꾸한다거나 버릇이 없다는 등의 얘기를 들을 뿐이다. 한 마디로 나를 포함한 대다수의 학생들이 우리들이 싫다고 하는 학교의 엄청난 모순에 편입되어 그런 모순이 계속 반복되도록 하는 데 일조를 하고 있는 것이다. 하지만 이러한 안일한 태도로는 결코 학교의 변화를 꿈꿀 수 없다.

한홍구 : 이번에 군대에서 인분사건이 났을 때 반응이 여러 가지였지요. 하나는 '아직도 이런 일이', 또 하나는 '야, 그것 좀 먹었다고 뭐가 대수냐.' 저는 요즘 신세대들이 그걸 시킨다고 먹었다는 것이 더 신기했어요. '다르게 저항할 줄 알았는데, 그들도 별 수 없구나' 하는 생각이 들더라구요. 요즘 신세대들이 혼자 있을 때는 되게 잘난 것 같아도 집단으로 모아 놨을 때는 더 힘이 약해지는 것 같더라구요. 공포분위기는 이미 만들어져 있고, 아까 학생이 얘기했듯이 '나 하나 바뀐다고 뭐가 달라질까?' 하는 생각을 하고 있었던 거죠.

저는 이렇게 생각해요. 여러분이 개인으로서의 존엄을 지켜야 할 일
도 있지만 힘을 모아서 한꺼번에 해결할 일도 있는 겁니다. 이런 선후배
간의 위계질서 같은 건 결국은 민주주의에 반하는 거 아닙니까? 민주주
의에 반하는 여러 형태들이 도처에서 발생해요. 그런 것들은 여러분이
나서서 저항하고 반대하고 고쳐나가야 하는 거예요.

-『주제와 변주』 제5회 한홍구 선생님 편. 237쪽

선거 때마다 교육이 주요 문제로 떠오르고, 부산시 교육감 선거를 앞두고
입시에 대해 어르신들이 많은 말씀들을 하시는 것을 보아 조만간 무언가
터질 것 같은 느낌입니다. 마냥 터지기만 기다리다가 갑자기 터진다면 우
리는 아무것도 준비하지 않은 무방비 상태에서 엄청난 혼란을 경험할 것
입니다. 우왕좌왕 갈팡질팡 그때는 어떻게 하시겠습니까? 만약 우리를
하나같이 옭아매고 있는 지금의 교육제도가 붕괴된다면, 우리를 어느 한
곳에 모을 수 있는 구심점이 필요치 않을까요? 그 구심점을 또다시 교육
부의 어르신들에게 맡기실 생각이십니까? 우리 스스로의 정신적 측면의
준비가 필요치 않을까요?

-『주제와 변주2』를 읽고, 홍지윤

우리들은 꿈과 희망을 펼칠 수 있는 배움을 원합니다

현재 교육체제에서는 교육의 직접적인 당사자라고 할 수 있는 우리 청소년들
의 불만도 너무나 많을뿐더러 우리를 둘러싼 어른들의 목소리도 너무나 다양
하다. 이런 상황에서 현재의 교육제도에 대해 불만을 품고 비판을 하는 데서
만 그친다면 우리는 영원히 우리가 꿈꾸는 학교를 만들 수 없을 것이다. 따라
서 우리는 학교의 보다 생산적이고 미래지향적인 비판과 발전을 위해서, 우리
스스로도 교육에 대해 명확한 생각을 가지고 있어야만 한다. 그래서 나는 교
육이란 무엇이고, 교육을 통하여 배움을 실천해야 하는 우리 학생들의 태도는

어떠해야 하며, 또 교육을 실천하시는 선생님들의 가르침, 우리가 생각하는 좋은 선생님의 모습은 어떠해야 하는지에 대해서도 이야기하려 한다.

논어의 〈학이 편〉 첫 구절은 "學而時習之 不亦說乎 有朋自遠方來 不亦樂乎(배우고 때때로 익히니 어찌 기쁘지 않으랴. 먼 곳에서 벗이 찾아오니 어찌 즐겁지 않으랴.)"이다. '학(學)은 배운 것과 자기가 옳다고 공감하는 것을 실천할 때 진정으로 큰 기쁨을 느낄 수 있다'는 것을 의미한다. 또 〈위정 편〉에서는 "子曰 學而不思則罔 思而不學則殆(학(學)하되 사(思) 하지 않으면 어둡고, 사(思)하되 학(學)하지 않으면 위태롭다)"라는 구절이 있다. 이것은 우리에게 하나하나의 일에 대해 전체적인 보편성과 함께 자신의 경험과 실천을 통한 특수성을 함께 이해함으로써 그 둘의 관계를 이해하는 것이 진정한 교육, 배움이라는 것을 말해준다. 종합해보면 교육, 즉 배움이란 하나의 사건에 대해 숲을 볼 수 있는 안목과 숲을 이루는 나무의 아름다움을 볼 수 있는 안목을 기르고, 나아가 자신의 깨우침을 실천하는 것을 말한다.

교육의 근본적인 목적, '우리 안에 내재되어 있는 무언가를 안쪽에서부터 바깥쪽 방향으로 이끌어냄'에는 예나 지금이나 별반 차이가 없다. 그러나 우리가 학교에서 얻고자 하는 것에는 과거와 현재 사이에 뚜렷한 차이가 있는 것 같다. 부와 권력을 쟁취하기 위한 권력투쟁의 마지막 장, 학교?!

강수돌 : 우리가 길거리를 가면서 사람들이 살아가는 모습을 보면서도 많은 것을 느끼고, 배우고, 또 글로 적어보면서 자기 생각을 정리할 수 있죠. 이 모든 것이 공부예요. 그리고 교과서 이외의 책을 읽는 것도 마찬가지죠. 경우에 따라서는 베스트셀러기 아닌 것들 중에 좋은 책들이 더 많은 것 같아요. (……) 또는 스쳐지나가는 작은 신문기사에서도 훌륭한 기자가 쓴 한마디 구절이 인생의 방향을 좌우하기도 합니다. 많은 어른들과의 대화에서도 내 인생에 커다란 울림으로 작용할 만한 것이 있습니다. 이런 모든 게 학(學)이라고 했을 때 우리가 배운다는 범위를 넓혀본다

면, 우리 모두가 어른이고, 아이이고, 교복 입은 사람, 안 입은 사람 관계 없이 모두가 '학생'이기 때문에, 어찌 보면 지금 학교 시스템에서 요구하는 학생의 틀을 부단히 벗어나는 것, 이게 가장 바람직한 학생이 아닐까 합니다.

—『주제와 변주』제7회 강수돌 선생님 편, 406쪽

지식에 파묻혀 삶을 마주 대하지 못하는 지식 위주의 배움에는 한계가 있다. "배움에는 끝이 없다"라는 말이 있는데 그것은 우리의 삶이 단편적인 지식만으로는 해결되지 않음을 의미한다. 우리는 과연 무엇을 공부하고 있는가? 의사소통에서 언어는 수단일 뿐 그 본질이 아니듯, 삶에서 지식은 수단일 뿐 자기실현을 위한 본질이라고 말할 수 없다.

학생이여, 인간이기를 포기하지 마라

배움은 인간이 태어나는 순간부터 죽는 순간까지 평생을 통해 이루어진다. 하지만 청소년 시기에 받는 배움은 특히나 더 중요하게 여겨진다. 그것은 청소년기가 몸의 성장뿐 아니라 앞으로 남은 자신의 삶을 살아갈 자기 주체성이나 가치관 등이 형성되는 시기이기 때문일 것이다. 그렇다면 이 시기에 우리가 학생으로서 꼭 가지고 있어야 하는 태도는 무엇일까?

강수돌 : 궁극적으로 많은 선생님들이 말씀하시는, '열심히 공부해서 네가 원하는 대학에 가라'는 것도 사실은 '네 꿈을 펼쳐보라, 그래서 행복하게 살아라.' 이런 뜻이 있는 것이지, 여러분이 불행하길 바라는 부모님이나 선생님은 아무도 안 계시잖아요? (웃음) 그런데 방법론적으로 과연 그렇게 점수 잘 받아서 행복하게 자신의 꿈을 펼칠 수 있느냐 하는 거죠. 저는 아니라고 이야기하고 싶거든요. 즉, 행복하게 살고 꿈을 펼치기 위해서 통념적으로 점수 잘 받는 것, 훌륭한 사람이 되기 위해 노력하는 것

등 이런 개념들의 틀들을 자꾸 벗어나려고 노력하는 것이 오히려 더 진정한 의미의 훌륭한 사람으로 성장하는 것이라고 생각합니다. 그리고 그 행복이나 자아실현이라고 하는 것이 지금은 준비단계고 나중은 실현하는 단계라는 식으로 나뉘지 않는다는 거죠. 오늘 하루하루 생활하는 과정이 행복해야 하고, 그런 삶의 과정 속에서 내가 할 수 있는 자아실현을 해야 되는 거예요.

－『주제와 변주』제7회 강수돌 선생님 편, 406쪽

현재의 교육제도에서 학생이 가져야 하는 최선의 자세가 학생임을 탈피하는 것이라니……. 슬픈 현실이 아닐 수 없다. 결국 강수돌 선생님이 지적하고자 했던 것 역시 우리 교육에서 실천은 배제되어 있고 지식교육은 갈수록 전부를 차지하려고 한다는 것이었다. 이것은 어쩌면 성공에 대한 우리들의 집착이 불러일으킨 지식의 수요증가를 배경으로 하고 있을지도 모른다. 지식이 주가 되는 학교교육에서 우리 학생들은 스스로를 깨치고, 실천하고, 노력하는 주체가 되지 못하여 자신의 마음속에서 우러나오는 솔직한 목소리조차도 듣지 못하게 되고 그로 인해 학교생활을 고통의 연장선상으로 잘못 이해하기도 하는 것이다.

좋은 스승이 좋은 학생을 만드는가!? 좋은 학생이 좋은 스승을 만드는가?

배움이라는 것의 의미가 학교에서의 지식교육에만 국한되는 것이 아니라면 스승의 의미도 더욱 넓어진다. 빈센트 반 고흐는 평생 동안 밀레의 그림을 수백 번 모사함으로써 밀레를 자신의 스승으로 삼았다고 한다. 그야말로 빈센트는 밀레를 자신의 역할 모델로 삼은 것이다. 그 과정에서 빈센트는 밀레를 배울 수 있었고, 밀레의 작품을 단순히 모방하는 데서 벗어나 여러 가지 방법으로 밀레의 작품을 해석해보면서 자신의 새로운 예술세계를 만들어갈 수도 있었다. 그야말로 청출어람이다. 하지만 요즘 현실에서는 청출어람을 찾아보기가 조금 힘든 것 같다. 뉴스에서 자주 등장하는 교수와 학생간의 논문 문제 같은 것들을 보면 그런 생각은 더해진다. 논어의 〈위정 편〉에서도 "溫故而知新 可以爲師矣(옛것을 익혀서 새로운 것을 알아야 가히 스승이라 할 수 있다)"라는 구절이 있다. 여기서 공자는 옛것을 통해 새로운 것을 이끌어낼 수 있는 사람이 스승이라 할 수 있다고 말했다. 즉 스승은 제자에게 옛날의 지식을 가르치는 데서 나아가 비판적 창조자가 되어야 하는 것이다.

또 빈센트가 밀레의 작품세계를 배우는 것에만 만족하지 않고 밀레의 삶까지도 닮으려 했던 것처럼, 스승은 제자에게서 삶의 모델이 되기도 한다. 그런 점에서 누군가의 삶을 통째로 바꿀 수도 있는 스승의 자리는 그만큼 더 조심스럽고 위대한 자리가 아닌가 한다. 하지만 요즘의 현실을 보자. 학원 같은 곳에 가면 요즘의 학생과 선생님과의 관계는 그야말로 돈과 지식을 바꾸는 관계에만 머무는 것 같다. 학교에서조차도 빈센트와 밀레 같은 사제관계를 찾아보는 것은 힘든 일이다. 그런 점에서 선생님으로서 가져야 하는 마음자세란 어떤 것인지, 그런 것이 있다면 그것은 무엇인지에 대한 논의는 분명 중요하다.

강수돌 : 권위라고 하는 것. 권위주의는 분명히 잘못된 거죠. 권위라고 하는 것은 자기의 삶 속에서 주위 사람들에 의해 저절로 형성되는 것이지 억지로 권위를 부린다고 해서 형성되는 것은 아니거든요. 그러한 억지가 바로 권위주의가 되어버리는 겁니다. 자기가 전문적인 역량과 인품과 모범을 보이는 과정에서 다른 사람들이 존경하는 마음이 우러나와 자연스럽게 형성되는 것이 권위이지, 자기가 그것을 억지로 형성하려고 한다면 잘못된 것이라고 봐요. 첫 번째는 권위를 일부러 만들지 않는 선생님, 열린 선생님이 중요하고, 두 번째는 공부하는 선생님이 중요하다는 겁니다.
－『주제와 변주』 제7회 강수돌 선생님 편, 436쪽

결국 배움이라는 것은 교과서라는 텍스트, 전문적인 지식을 배우는 것에서 나아가 보다 넓은 세상을 볼 수 있는 안목, 자기 주변에서 일어나는 사소한 일 속에서 얻는 깨달음, 또 그렇게 배운 것들을 실천하는 일련의 과정인 것 같다. 그러므로 배움을 실천하는 스승과 제자는 늘 서로에게 열려 있어야 하며 희망을 속삭일 수 있어야 한다.

지금까지 나는 내가 받고 싶은, 아니 우리 모두가 받아야 하는 배움과, 우리들이 가져야 할 태도에 대해서, 우리가 꿈꾸는 선생님에 대해서 이야기했다. 우리 학생들은 흔히 과거의 학생들에 비하면 훨씬 더 똑똑하고 자기 몫은 분명히 챙긴다는 이야기를 많이 듣는다. 하지만 곰곰이 생각해보면 우리들은 시간이 갈수록 시험과 입시라는 안일한 가치에는 신경을 곤두세우지만, 과거의 독재세력에 항거하고 시위하던 고등학생들에 비하면 자신을 둘러싼 사회에 대한 의식은 한참 뒤떨어진다. 또 자신이 주체가 되어 무언가 행동하거나 변화를 이끌어내는 데도 주저한다.

우리의 권리는 우리가 만들어가야 하며 우리가 지켜나가야 하는 것이다. 아무런 행동도 하지 않는 우리들에게 어른들이 알아서 우리가 희망하는 배움, 스승, 학교를 만들어주리라는 기대를 가져서는 안 된다. 그런 의미에서 우리는 보다 더 주체적이어야 하며 행동하는 청소년이 되어야 한다. 바로 우리들 스스로의 권리를 위해서 말이다. 이런 정신이야말로 학교라는 작은 사회를 민주주의를 실습할 수 있는 공간, 자신의 권리가 무엇인지를 알고 옳음을 지향하는 방법을 일깨우는 가치 있는 공간으로 되돌릴 수 있을 것이다.

2. 맹목적인 입시전쟁을 종결시킬 수 있는 방법은 무엇인가?

학벌이 얼마나 달콤한 유혹이길래⋯ ⋯그것에 저항해야 하는 이유

입.시.지.옥. 우리나라의 중·고생에게는 전혀 낯설지 않은 말이다. 아니 우리는 바로 이 지옥 속에서 살아가는 불행한 존재들이다. 고등학생들은 소위 명문대라고 하는 곳에 들어가기 위해 인생에서 가장 아름다운 시절이라고 말할 수 있는 시간에 방안에 틀어박혀, 또는 교실에 틀어박혀 책과 씨름하고 또 친구들과 경쟁한다. 그리고 그러한 자녀를 둔 학부모들은 빠듯한 생활에도 과도한 사교육비를 들여가며 내 자식만은 잘 되고 보자는 식으로 아이들을 채찍질한다. 그리고 학교선생님들은 인성교육보다는 대학입학이라는 관문을 뚫기 위한 지식교육에 더 치중하고 있다.

입시경쟁과 관련된 직접적인 당사자인 우리 학생들이나 선생님, 부모님들도 모두 이 입시의 폐해에 대해서는 이미 잘 알고 있다. 하지만 모두 쉽게 이 입시의 악순환에서 빠져나가지는 못한다. 그것은 지금 우리가 치르게 될 입시가 우리의 학벌과 관련되어 있으며, 바로 그 학벌은 우리의 삶을 지배하는 구조 속에 있기 때문일 것이다. 이는 결국 권력과 자본의 문제와도 결부되며, 우리는 그 속에서 또 행복과 불행의 기로에 서게 된다.

김상봉 : 권력은 집단적으로 형성되고 행사됩니다. 그래서 학벌문제는 권력문제예요. 우리나라 학벌문제는 사람이 난처한 일을 당하면 느끼게 됩니다. 평소에는 그냥 자기 재주, 자기 능력에 따라서 삶이 편할 수도 있고 힘들 수도 있어요. 그런데 송사를 당한다. 법정에 꼭 가야 할 일이 생겼다, 그러면 얘기가 달라져요. 또는 병원에 갈 일이 생겼다 할 때는 사람이 좀 달라집니다. 우리나라의 모든 부모와 집안의 이상은 그래도 우리 집안에 의사 하나, 검사 하나 있어야한다는 것입니다. 일반 사람들의 의식 저변에 깔려 있는 욕망이죠.

–『주제와 변주2』 제17회 김상봉 선생님 편, 251쪽

학벌은 우리의 삶을 관통한다. 또 학벌에 따라 우리는 평가받고 대우받는다. 그리고 우리 스스로도 자신보다 높은 학벌 앞에서 움츠러들게 된다. 심지어는 이 학벌이라는 권력 앞에서 자신들의 소중한 꿈도 포기하기에 이른다.

우리의 삶을 관통하는 학벌을 결정하는 기준은 오직 단 하나 '성적'이다. 특히 우리는 수능이라는 시험을 통해 우리의 능력을 평가받고 대학에 입학하는, 참으로 부조리한 구조에 몸담고 있는 것이다. 그런데 수능이 진짜 우리 모두의 능력을 평가할 수 있는 시험일까? 우리나라와 같은 입시 문제는 비단 우리나라만의 문제는 아니다. 미국의 라니 구니어도 SAT와 같은 단 하나의 시험으로 대학에 입학하는 미국의 현 입시제도와 그 속에 자리하고 있는 정치사회적 의미에 대해서 비판한다.

라니 구니어 : 이 전통적인 시험은 텍사스 주의 고등교육 체제 내에 한정된 자원을 배분하는 데 활용되고 있습니다. 오스틴 텍사스대학에 들어가고 싶을 뿐 아니라 입학해서 수학할 능력도 있는 학생은 아주 많습니다.
입학 업무에 너무 많은 자원을 투여하지 않으면서도 희소한 자원, 희소한 자리를 효율적으로 배분하려고 텍사스대학과 미시간대학, 심지어 원한다

면 자원을 투여할 여력이 있는 하버드대학도 학력적성시험(SAT), 법대 입학용 시험(LSAT), 대학원 입학용 시험(GRE), 의대 입학용 시험(MCAT) 같은 시험에 의존해서 학생을 선별합니다. 이런 시험들은 평점을 평가하는 좋은 기준이고 누가 대학에서뿐 아니라 장래에도 성공하지 구별해주기 때문에 아마도 이게 사리에 맞는다고 할지 모르겠습니다. 그런데 사실 이 이야기는 맞지 않습니다. 텍사스의 '카나리아 관찰자들'은, 이런 시험들이 실제로는 인생에서 무슨 일을 할지 제대로 예측하지 못하고 대학 첫해에 학업을 잘하게 될지도 제대로 예측하지 못한다는 사실을 발견했습니다.

–『오늘의 세계적 가치』, 165쪽

한 학생의 능력을 성적이라는 잣대 하나만으로 판단하는 것은 마치 우리가 공부만 했던 변호사가 어떻게 어려운 상황에 처한 사람들을 이해해서 그들을 변호할 수 있겠냐는 의문을 제기하는 것과 같은 맥락에 있다. 행복은 성적순이 아니라고들 말하지만 막상 학력이 사람을 판단하는 실질적인 기준이 되어버린 이 시점에 학력을 포기하고 당당히 자신의 길을 개척하기란 보통 용기 없이는 불가능하다.

학벌사회에서 왜곡된 경쟁을 바로잡는 진정한 경쟁은 왜 패러다임이 되지 못하는 걸까?

앞에서도 말했듯이 우리가 학벌이라는 현실의 족쇄에서 쉽게 벗어나지 못하는 이유는 아무리 학벌경쟁이 왜곡된 경쟁이라 할지라도 혼자 학교를 그만두다든지, 혼자 정규 공부를 하지 않는다든지, 혼자 시험을 치지 않겠다는 것은 현실적으로 나 혼자만 사회에서 낙오되는 것을 의미하기 때문이다. 그러므로 이 문제는 개인의 노력만으로 해결될 일은 아니다. 그렇기에 몇십 년간 수많은 사람들이 교육제도에 불만을 가졌음에도 불구하고, 교육제도는 교육제도대로 흘러오고 있고 우리는 우리 나름대로 "학벌 없어져야 한다. 그렇지만 나 혼자 대안교육을 할 수는 없지 않느냐?"라고 말하는 것이 아닐까? 아무래도 전반적인 변화를 위해서는 입시제도에 관련된 사회적인 움직임이나 제도적인 변화가 시급한 것 같다.

라니 구니어 : 고등교육의 임무가 아니라 고등교육 그 자체의 관점에서 말하면 우리는 고등교육기관에 응시하는 개인간 형평성을 말하게 됩니다. 대부분의 고등교육기관들이 공적인, 민주적인 임무가 있습니다. 그러나 심지어 사립학교들에게도 공적인 임무가 있는데, 무엇보다도 교육은 민주주의의 핵심부분이기 때문입니다. 민주주의에서는 시민들이 심사숙고하고 참여하고 의사결성에 개입할 수 있는 능력에 의지하게 됩니다. 이렇게 하려고 사람들이 교육을 받아야 한다는 걸 전제합니다. (······)

그런데 우리가 이런 대화를 하고 민주적인 다양성을 확보하는 것이 고등교육기관의 임무에서 중요하다고 결론을 맺게 되면, 민주적인 임무를 신장하기에 적합한 입학제도에 대해 완전히 다른 대화를 하게 될 겁니다. 제 관점에서 보면 이런 종류의 민주적인 임무는 다양성을 요구하는데, 단지 인종적 다양성뿐 아니라 사회경제적 다양성도 요구합니다. (······) 예를 들어, 입학허가를 받는 대다수는 대화의 중심에 있지 않는데, 이들이 중심에 있어야 합니다. 아주 부유한 소수의 학생집단이 입학을 독차지합니다. 고등교육이 민주적인 임무를 띠고 있다고 전제하면, 왜 우리는 모든 사람과 관련되는 것이어야 할 민주주의를 엘리트 계층이 신분상승과 잠재적인 지도력 획득의 기회를 장악하게 만들어주는 방식으로 운영합니까?

―『오늘의 세계적 가치』, 161쪽

고등교육기관은 서로 다른 배경에서 살아온 사람들을 한데 모으고 서로 소통하게 함으로써 서로에 대한 이해의 폭을 넓히게 하는 기회를 제공하는 데 그 의의가 있다. 만약 서로간의 대화가 원활하게 오갈 수 있다면 더 이상 단 하나의 시험이 학생들을 선발하는 기준이 되지는 않을 것이다.

또한 대학은 시장경제논리 면에서나 인종문제 면에서나 학생선발기준의 다양성을 보장해야 한다. 소수의 부유층 자제들이 더 좋은 대학에 입학하고 그들이 또 다시 새로운 상류층으로 편성되는 현실은 비단 미국만의 일이 아니라 우리나라에서도 비일비재하게 발생하고 있는 현실이다. 현 입시제도에서 고유명사로 바뀌어버린 '강남 8학군'만 보아도 알 수 있다. 단정지어 일반화할 수는 없지만 소위 '좋은 학군'에 사는 학생들은 부모의 부를 통하여 상대적으로 다른 지역의 학생들보다는 양질의 사교육을 받을 수 있는 기회가 더 많은 편이다.

강수돌 : 예를 들면 일차적으로는 전국의 국립대학을 통합해서 하나의 대학으로 만들자. 그래서 네트워크를 해서 어디에 가든 장소만 다를 뿐이지 한 대학이라는 개념으로 가자는 거죠. 그 개념이 실험이 되어서 성공하면 전국에 공립 사립을 다 통틀어서 할 수도 있단 말이에요. 아니면 전국의 대학들을 프랑스나 독일처럼 모두 국립화시켜요. 어느 대학을 가든 마찬가지다. 중요한 것은 선생님이다, 이런 개념이거든요. 자기가 하고 싶은 공부를 가장 훌륭하게 가르치고. 인격적으로도 혹은 실력 면에서도 가장 훌륭하다고 생각하는 선생님을 찾아가면 되는 거예요.

그리고 사회 전체적으로는 대학을 안 가도, 자신이 하는 일에 대해서 충분히 인정받을 수 있게 하는 거죠. 다른 사람과 동등한 대접을 받는다면 왜 목숨 걸고 대학 가려고 하겠어요. 제가 볼 때 평생 연구만 하겠다 혹은 평생 학생들을 가르치겠다는 사람들은 대학을 꼭 가야지요. 근데 그렇지 않은 분야의 일들도 많이 있잖아요. 그리고 내가 무의미한 대학 시간을 보낼 게 아니라 그 시간에 정말 실험도 해보면서 실무를 경험한다면 사회적 기여를 더 많이 할 수 있단 말이죠.

-『주제와 변주』 제7회 강수돌 선생님 편, 251쪽

입시철만 되면 뉴스에서는 어김없이 "지방대학 (학생 정원 채우기) 어렵다"라는 소식이 들려온다. 그러면서 지방대학의 미래는 어떠한가? 이것은 멀리 봤을 때 지역의 위기가 아닌가? 하고 걱정한다. 친구들 사이에서는 이런 말이 오간다. "얘들아, 모로 가도 인 서울(in Seoul)만 하자. 모두 파이팅!" 안타깝지만 이것이 바로 학벌사회의 모습이다.

학생들과 선생님, 학부모들은 철저하게 학벌 중심의 사회인 우리나라에서 어떻게든 더 좋은 학벌을 얻으려면 높은 수능성적을 받으라고 말한다. 그렇다고 수능을 이용하는 입시제도가 대학수학능력을 평가하는 가장 정확한 도구라는 확신을 할 수 있는 것도 아니다. 다만 현재의 이 입시제도가 문제가 되는 이유는 이 제도가 엄청난 돈을 들여야만 받을 수 있는 사교육의 영향을 많이 받으며, 상류층들은 자신들의 기득권을 계속 유지할 수 있는 수단으로 이 제도를 이용하고 있다는 점이다. 그리고 이런 입시제도는 학생들만의 문제에서 그치지 않고 나아가 우리나라의 정치와 사회 전반에 걸쳐 막대한 악영향을 미치고 있다.

우리 사회는 천편일률적인 입시제도에서 벗어나 학생들의 개성과 다양성을 보장하고 학생들이 대학에서 공부할 수 있는 진정한 능력과 성장가능성을 평가할 수 있는 입시제도를 마련하기 위해 노력해야 한다. 이것은 불가능한 것이라기보다는 우리 사회가 정말로 치열하게 고민해보지 않았기에 아직 이것의 실현가능성을 믿지 않는 것일 뿐이다. 즉, 현재의 입시제도에 대한 문제의식을 가지고 고민을 하는 사람들이 늘어나고, 입시전쟁을 몸소 치르는 우리 학생들이 주체가 되는 연대가 형성되어 소통의 장이 열린다면 희망이 없지만은 않다. 학벌사회 타파를 위해서 가장 중요한 것은 우리들이 스스로 많이 생각하고 자신에 대한 참된 긍지를 가지는 것이라는 아람샘의 말씀으로 끝을 맺고자 한다.

아름샘 : 참된 자기 긍지를 가지려 해도 지금 현재 사회에서는 역시 성공하는 길만 열려 있기 때문에 문제가 된다고 생각합니다. 결국 제일 중요한 것은 도덕적인 삶이에요. 왜냐하면 자기가 가장 가치있다고 생각하는 것을 공부하거나 일할 수 있는 선택을 할 수 있는 자기 주체성을 갖게 하려면 결국 무엇이 옳은가 무엇이 가치있는가를 고민하는 시간이 가장 많이 확보되어야 한다는 거죠. (……)

예를 들어서 〈PD수첩〉에서 우리나라 혼혈인들이 사는 모습을 집중적으로 다룬 방송을 했습니다. 하인즈 워드가 슈퍼볼 대회에서 최우수선수상 받는 걸 계기로 거꾸로 한국사회에서는 혼혈인에 대한 차별과 적대와 이런 것들이 얼마나 심각한지를 〈PD수첩〉에서 보여주었지요. 그보다 앞서서 저는 1월에 '국경 없는 마을'이라고 안산 외국인노동자센터에 있는 사람들을 소개한 책이 있어요. 코시안들과 혼혈인들의 참상을 보여주는 중·고등학생들을 위한 책입니다. 중요한 건 그 책을 읽었고, 〈PD수첩〉에서 우리 사회 현실을 봤으며, 그래서 67퍼센트의 학생들이 단 한 번도 혼혈인들을 차별하는 것이 잘못된 인권교육이라는 것을 초등학교에서부터 고등학교까지 교육받은 적이 없다라는 데이터를 얘기하더라고요.

그러면 그것이 옳지 않다는 가치 판단을 스스로도 할 수 없는, 그런 주체성이 없는 학생들이 동시에 그것이 잘못된 인권교육이라는 것도 받은 기억이 없다는 현실에서 과연 학생들이 참된 자기 긍지를 갖기는 또는 그 주체성도 우리 당대에 일어나고 있는 모든 부조리함에 대해서 옳은가 옳지 않은가 하는 가치판단을 할 수 있는 능력이라는 것은 도대체 어디서 어떻게 교육받을 수 있고 스스로 키워나갈 수 있는가. 아이들에게 우리의 부당한 현실을 기억하라 아니면 아까 말씀하신 대로 자기 긍정하라 하는 그것만으로는 사실 그 기억 모두를 집단적으로 잃어버릴 확률이 너무 높은 위험한 시대에 있는 거죠.

–『주제와 변주2』 제17회 김상봉 편, 251쪽

3. 왜 우리는 도덕교육을 실천으로 옮기지 못하는 것일까?

손으로는 잡을 수 없는 거울 속 우리들을 바라보면서

고3이 되면서 나에게 생긴 가장 무서운 것은 바로 무력감이다. 우리는 그 것을 흔히 슬럼프라고도 표현한다. 이런 이유 없는 무력감은 누구에게나 굉장히 무서운 것으로 다가올 것이다. 그런데 요즘 들어 나는 그 무서운 무력감에 더 자주 빠져들곤 한다. 본격적인 입시전쟁에 뛰어들게 된 후부 터 자주 찾아온 이 무력감의 정체는 과연 무엇일까? 예전에는 이런 무력 감을 느껴본 적이 없었나?

이 문제들을 고민하다가 나는 문득 깨닫게 되었다. 고3이 되기 전과, 고3이 되고 난 후 많은 것이 바뀌었다는 것을. 고3이 되기 전에는 몸과 마 음이 지칠 때, 또는 힘들거나 슬픈 일이 생겼을 때, 내가 스스로 그것들을 극복할 수 있는 여러 가지 방법들이 많았다. 하루 종일 음악 속으로 빠져 본다든지, 노래방에 가서 맘껏 노래를 불러본다든지, 또는 멍하게 TV나 만화책을 본다든지 등의, 지금 생각하면 비생산적으로 여겨질 만한 것들 로 말이다. 하지만 고3이 된 후부터는 그런 모든 단순한 기쁨들로부터 스 스로를 단절시켜야만 했다. 설사 그런 것들을 하더라도 예전처럼 화끈하게 푹 빠져서 하지 못하고 항상 마음 한구석은 뭔가 찜찜한 것이 사람을 불안하게 만든다. 그래서 예전에도 어쩌면 내 주위에 존재하고 있었을 무력감을 나는 이제야 뼈저리게 느끼며 어찌할 바를 몰라 발버둥치는 것인지도 모르겠다.

이것은 언젠가 내가 쓴 일기의 한 페이지다. 도덕교육에 대한 본격적인 이야기에 앞서 개인적인 이야기를 늘어놓은 것은 바로 나의 이런 고민이 비단 나 혼자만의 고민은 아니라고 생각했기 때문이다. 인터넷에서 떠도는 성공한 수험생의 슬럼프 극복기, 마인드 컨트롤 성공기 등과 같은 글들의 엄청난 조회수는 이런 내 생각에 더욱 큰 확신을 준다. 실제 우리 학교에서도 졸업한 선배들에게 꼭 하는 질문 중 하나가 "마인드 컨트롤은 어떻게 하셨어요?"이다.

여기서 내가 묻고 싶은 것은, 우리는 그동안 살면서 왜 한 번도 이런 무력감에 대한 자신만의 대응방식을 만들지 못했냐는 것이다. 나는 그것이 자신에 대한 이해가 부족해서라고 생각한다. 이 무력감에 대한 공포는 비단 청소년 시기에만 국한된 것이 아니기에, 우리 스스로가 자신을 이해할 수 있는 교육은 더 중요하다. 사실 우리들은 정말 진지하게 자신을 들여다보아야 하며, 자신의 정체성을 정립해야 한다는 것의 필요성이나 방법에 대해서 실질적인, 정말 가슴에 와닿는 교육을 받아본 적이 없다. 그런 교육이야말로 세상을 어떻게 살아가야 하는지에 관한 답을 찾게 해주는 가장 중요한 교육임에도 말이다.

이러한 교육과 관련하여 다만 내게 떠오르는 것은 청소년 시기의 자아실현, 자아성찰, 질풍노도의 시기 등 도통 무슨 말인지 모를 재미없고 낯설기만 한 개념들이 나열된 도덕교과서뿐이다. 이런 안타까운 현실에서 벗어난 바람직한 도덕교육은 어때야 하는 것일까?

『주제와 변주』에서 교육 문제에 대해 함께 이야기를 나눴던 김상봉 선생님께서 말씀하신 도덕교육은 내가 앞에서 언급한 절실하게 요구되는 도덕교육과 비슷한 맥락이었다. 선생님이 말씀하신 도덕교육에 대해 알아보기에 앞서 선생님의 도덕에 대한 생각부터 알아보기로 한다.

> **김상봉** : 도덕이 뭔가라고 할 때 일반적으로 사회가 우리에게 강요하는 것이고, 내가 동의하든 동의하지 않은 간에 그걸 사회가 강요한다는 게 교육을 통해서 우리에게 주입되는 거죠. 그런데 제가 도덕이 이런 것이 아니다라고 말을 했던 것은 도덕은 그 이전에 자기 규정의 행위인데, 그럼 근원적으로 무엇에 뿌리박고 있느냐 하면 자유에 뿌리박고 있다는 게 제 얘기였어요. 그리고 자유라고 하는 것은 어떤 것으로부터의 도피가 아니고 단순히 소극적인 의미에서 어떤 억압으로부터의 도피가 아니라 적극적이고 능동적인 의미에서 주체적으로 자기를 형성하는 것, 그게 자유라고 말씀을 드렸습니다. 바로 그게 나의 자유와 주체성의 표현이고 실현이니까 그런 의미에서 도덕은 개인적인 것이고 가장 고유한 주체성에 속하는 거지요. 동시에 도덕은 사회적인 겁니다.
>
> ―『주제와 변주2』 제17회 김상봉 선생님 편, 243쪽

김상봉 선생님의 말씀에 따르면 도덕은 자신의 이상을 세우고 그것을 향해서 쫓아가는 과정이며 자신을 부정하면서 스스로를 찾아가는 과정이라고 하셨다. 또한 자신의 욕망을 자율적으로 규제하고 자신의 삶을 능동적으로 형성할 수 있는 자기 규정의 능력이라고 하셨다.

자유에 바탕을 둔 자기 주체성. 나아가 '서로 주체성'을 가진다면 우리는 정신적인 삶을 살아갈 수 있을 것이다. 『희망의 인문학』의 저자 얼 쇼리스는 정신적인 삶이 우리의 일상을 '무력의 포위망'에서 벗어나 자율적이고 자신감 있게 시작하도록 이끌어준다고 하였다. 또한 이런 자율성을 바탕으로 힘에 의한 권력에서 벗어나 민주적으로 성취되는 정당한 힘을 얻을 수 있으며, 윤리적 민주주의를 정착시킬 수 있다고 하였다. 만약 이것이 학교에서 교육된다면

그것은 민주시민을 길러내는 것을 가장 큰 목적으로 하는 교육의 목적도 충족시킬 수 있을 것이다. 그렇다면 이러한 도덕교육은 어떻게 이루어 질 수 있을까?

김상봉 : 그럼에도 불구하고 도덕교육을 잘할 수 있는가 또는 철학교육을 잘할 수 있는가라는 문제에서는 교과서가 절대적입니다. 왜냐하면 간간이 보면 지금 도덕교사들의 수준이 그러저러한데 당신이 말하는 철학교육이 되겠어요?라고 질문하는 분들이 있습니다. 그건 도덕교사 내부에서도 있고 외부에서도 있는데, 제 이상은 이겁니다. 교사가 필요없는 교과서, 극단적으로 말하면. 교사가 필요 없을 정도, 그 나이에 맞게 평균적인 시적인 수준을 가진 학생이라면 그걸 보고 와, 재미있다, 이런 문제가 있었지라고 하는 걸, 자습서 필요 없이 문제를 던져주고 생각하게 하는 교과서가 나와야 합니다. 교사가 왜 필요합니까? 교사는 그 주제에 대해서 토론하고 대화하는 과정을 같이 이끌어가는 일종의 사회자 노릇을 합니다. 물론 이건 너무 소극적으로 하는 말입니다만 일단 거기서 시작해야 된다고 생각합니다. .

-『주제와 변주2』제17회 김상봉 선생님 편, 243쪽

김상봉 선생님은 도덕교육 자체가 스스로 생각하고 이치를 깨닫고 터득하도록 생각의 능력을 키워나가는 데 목표가 있다고 말씀하시면서, 도덕교육이 보편적인 도덕이나 가치관의 교육 쪽으로 가기 위해서는 철학교육으로 나아가야 한다고 말씀하셨다.

한쪽으로 치우친 교육, 한국의 해리포터는 어디에 있는가?
나는 도덕교육의 방법이 김상봉 선생님이 언급하신 철학교육까지도 포함하는 인문학교육을 향해 나아가는 것은 어떨까하는 생각을 해본다. 『희망의 인문

학』에서 소개되는 클레멘트 교육과정에 속한 과목은 도덕철학, 문학, 예술, 역사, 논리학 등이다. 여기서 실제 우리가 배우는 과목은 문학, 예술(미술, 음악), 국사 등에 해당한다. 하지만 우리는 학교에서 이런 과목들을 대학입시를 위해 주입식의 암기 위주로 배우고 있는 것이 현실이다. 그래서 나는 지금 배우고 있는 그 과목들에 대한 도덕교육의 지평이 확장되어 인문학교육이 이루어지면 어떨까 생각해보는 것이다. 클레멘트 코스와 같은 일련의 커리큘럼을 가진 인문학 교육 말이다. 논리학부터 시작해서, 학문적인 글쓰기 방법, 사실(史實)로서의 역사가 아니라 현재에 대한 성찰을 줄 수 있는 역사, '행하기'가 아닌 '바라보는 법'을 배우기 위한 예술, 시인의 눈을 가지고 배우는 문학, 민주시민으로서 살아갈 수 있는 덕목을 지닌 시민이 되게 해주는 도덕철학까지를 아우르는 의미에서 말이다. 이러한 교육조차도 우리에게는 '논술'을 위한 최고의 교육수단으로 치부되어버릴까 걱정도 되지만, 이 공부야말로 단지 편협한 '입시'를 위한 공부가 아니라 우리의 '삶 그 자체'를 위한 공부이며, 또 그래야만 할 것이다.

얼 쇼리스는 『희망의 인문학』에서 "노벨상을 타는 것이 무언가를 이뤄냈다는 것을 말해주는 유일한 징표일 수가 없듯이, 학생들이 정규 대학에 입학해 공부를 계속하는 것이 성찰적 삶을 사는 것, 도덕적 삶을 추구하는 것, 선행하는 습관을 기르는 것, 일반 법칙에 준하는 격언대로 행동하는 것, 다른 사람들의 행복을 최고의 선으로 받아들이는 것 등을 가능하게 해주는 유일한 길은 결코 아니다. 인문학 교육이 지향하는 가장 중요한 목적은 성찰적 사고와 자율성을 몸에 익히고 공적 세계와 관계를 맺을 수 있는 능력이 있는 사람을 길러내는 것이다"라고 말했다.

지금도 나에게 실제적이지 못하고 추상적이라는 인문학에 대한 편견은 아직도 남아 있다. 하지만 변한 게 있다면 실제적이지 못하고 추상적이기에 더욱 가치 있는 것이 인문학이고, 때문에 그 어느 학문들보다도 현재 우리에게 가장 실제적이며 현실적일 수 있다는 모순적인 원리를 알았다고나 할까? 그렇게 생각하고 나니, 우리가 여태까지 받아왔던 학교, 학원, 과외, 인터넷 강의 등과 같은 일련의 교육과정들이 진정한 교육이 아니고 단순히 훈련이었는가 하는 생각이 들어 혼란스러워졌다. 인문학을 영어로 풀어쓰면 Humanities(휴머니티즈), 즉 인간다움을 의미한다. 그리고 교육을 영어로 쓰면 Education인데, 이 말의 어원을 따져보자면 미숙한 인간을 성숙한 인간으로 개발하는 과정이라는 의미를 가지고 있다. 그렇다면 진정한 교육의 방향은 우리, 미성숙한 청소년들을 성숙한, 진정한 인간으로 만드는 것인데 지금의 교육에는 그러한 방향성이 부재한다는 생각이 들었다. (……) 인문학의 위기를 타개하기 위해서, 한국사회가 한층 더 성숙한 사회가 되기 위해서 진정한 의미의 인문학 교육이 필요하다. 얼 쇼리스와 그의 동료들이 클레멘트 코스를 창립한 목적도 이러한 이유일 터이다.

－『희망의 인문학』을 읽고, 하성봉

우리나라 도덕교육의 부재는 정말 심각한 상황이다. 뉴스에서 종종 볼 수 있는 중고등학생의 각종 범죄나 심지어 초등학생의 범죄들은 섬뜩하기까지 하다. 이런 진부한 이야기는 놔두고서라도 당장 우리 스스로의 생활을 돌이켜보아도 우리들이 얼마나 '정신적인 삶'을 살아가고 있는가에 대한 의문이 강하게 든다. 나는 요즘 들어 자율을 바탕으로 한 정신적인 삶, 주체성을 가진 삶의 가치가 엄청나게 중요하다는 것을 절실하게 느낀다. 자신의 주체성을 제대로 가진다면, 가령 우리는 자신의 꿈이나 삶의 방향과 관계없이 무조건 학벌에만 매달리거나, 자신 앞에 놓여 있는 모순을 그냥 지켜만 보는 안일한 태도를 취하지는 않을 것이다. 그리고 이러한 주체성을 가진 사람들이 계속 모이다보면 우리 사회는 훨씬 더 미래지향적인 방향으로 흘러갈 수 있을 것이다. 얼마 전 한 재소자가 자신은 교도소에 들어와서야 책을 읽게 되었고 그 책을 통해서 비로소 세상을 올바르게 바라보는 마음의 눈을 뜰 수 있었다고, 자신처럼 배우지 못해 범죄를 짓는 사람이 다시는 자신의 모교에서 나오지 않길 바란다는 긴 편지를 자신이 힘들게 모은 돈 10만 원과 함께 한 신문사에 보냈다고 한다. 이분에게 세상을 올바르게 바라볼 수 있는 눈을 준 학문도 분명 인문학일 것이다. 그래서 나는 우리가 배워야 하는 그 무엇보다도 중요한 것은 도덕 교육이며 그 도덕교육의 방법으로 삶을 살아가는 법을 가르쳐주는 교육, 참교육인 인문학교육을 주장하는 것이다.

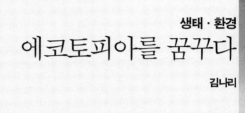

생태 · 환경

에코토피아를 꿈꾸다

김나리

1. 어느 날 자연이 우리에게 마지막으로 말을 건다면……?

옛날에 한 청년이 살았다. 청년은 아름다운 여인을 만나 사랑에 빠졌다. 여인은 청년에게 별을 따다달라고 말했다. 청년은 별을 따다주었다. 여인은 청년에게 달을 따다달라고 말했다. 청년은 달을 따다주었다. 이제 더이상 그녀에게 줄 것이 없게 되었을 때 여인이 말했다. "네 부모님의 심장을 꺼내와……." 많은 고민과 갈등을 했지만 결국 청년은 부모님의 가슴속에서 심장을 꺼냈다. 청년은 부모님의 심장을 들고 뛰기 시작했다. 오직 그녀와 함께 할 자신의 행복을 생각하며 달리고 또 달렸다. 청년이 돌부리에 걸려 넘어졌을 때 청년의 손에서 심장이 빠져나갔다. 언덕을 굴러 내려간 심장을 다시 주워 왔을 때, 흙투성이가 된 심장이 이렇게 말했다. "얘야. 많이 다치지 않았니?"

많은 사람들은 이 이야기를 알고 있다. 하지만 현실 속에서 우리는 마치 청년처럼 이야기 속의 부모님인 자연으로부터 많은 것을 받아가고, 사용하며 살아가고 있다. 그렇지만 청년이 부모님을 돌아보지 못했던 것처럼 우리도 자연을 공존의 대상으로 '생각'하지 못한 채 살아가고 있다. 이런 현실이 계속되어 우리가 언젠가 자연의 심장을 꺼내어 사용하다가 어려움에 부딪혔을 때, 자연은 우리에게 이렇게 말할지도 모른다.

"얘야, 너는 살고 싶지 않니?"

사랑하지 않는다면 알고자 노력하는 것이 사랑의 방법이 아닐까

인간은 편리와 이윤추구를 이유로 하루에도 수십 번은 더 "자연의 심장을 꺼내야겠어! 별일 없을 테야"라고 말하며 자신의 행동을 정당화한다. 하지만 계속되는 개발의 흐름 앞에, 이제 많은 사람들은 "이건 아닌데……"라고 말하며 혼란스러워하고 있다. 그러나 만약 우리가 지금 이 순간에도 아무런 갈등 없이 자연의 심장을 꺼내는 중이라면, 이렇게 한가로이 앉아서 환경파괴를 막아야 한다며 환경보호와 생태보호의 당위성만을 논의하는 것이 의미있는 일일 수 있을까? 단순한 탁상공론에 지나지 않는 게 아닐까? 이러한 우려에 대해 『주제와 변주』 최재천 교수님 편에서 해결책을 찾을 수 있었다.

> **최재천** : 환경문제에 관한 한, 부산은 지율 스님 때문에 느낌이 다르겠지만, 사람들은 때로 지율 스님이 인간보다 도롱뇽을 더 귀히 여긴다고 착각하는 것 같아요. 다만 그 동안에 우리 인간이 해온 일이 너무나 그런 면을 이해하지 못하고 산 것 같기 때문에 반성하자는 의미이고, 그렇게 하는 것이 오히려 우리에게 더 도움이 되고 우리가 우리를 더 사랑하는 결과가 되기 때문에 하는 것이라고 생각합니다.
>
> 제가 처음에 사회자에게 그런 얘기를 했지만, "알면 사랑한다!"라는 말을 늘 하고 다니는 이유가 자연에 대해서 보다 많이 알면 알수록 그 자연을 어쩔 수 없이 사랑하게 된다는 겁니다. 예를 들어, 저한테 하천에 사는 동물들에 대해 배운 학생이 이 다음에 염색공장 사장이 됐는데, 비가 온다고 해서 "야, 빨리 문 열어. 흘려보내게." 그런 행동은 못한다는 거죠. 그 물 속에 사는 각시붕어의 생태에 대해 너무나 잘 알고 있는데 차마 그럴 수 없을 겁니다. 모를 때는 그렇게 할 수도 있겠지만 알면 못 하죠.

저는 그런 우리의 자연사랑이 결국 인간사랑으로 퍼져나갈 것이라고 생각해요.

–『주제와 변주』 제4회 최재천 선생님 편, 186쪽

생태에 대해 많은 것을 알게 된다면 생태를 보호해야 한다고 말할 수 있다. 하지만 현대사회를 살아가고 있는 사람들에게는 동식물이 살고 죽는 문제보다는 하루하루 먹고 살아가는 경제적인 문제가 중요하게 작용하는 법이다. 그렇기에 개발과 환경의 갈림길에서 경제적 손익이 중요한 결정요소가 되곤 한다.

그 모습을 여실히 보여준 것이 지금 공사가 재개된 새만금 갯벌 간척사업을 다루는 사람들의 태도이다. 새만금 갯벌 간척사업을 할 때 예상되는 이익을 수치로 제시하고 첨단산업발전의 토대가 될 것을 주장하는 사람들은 그렇다손 치더라도, 갯벌을 보호해야 한다고 생각하는 사람들이 갯벌을 간척하지 않고 자연상태 그대로 유지했을 때 얻을 수 있는 경제적 이익에 대해 이야기하고 있는 것이 문제라고 할 수 있다.

그런데 자연을 지키는 것. 이것은 손익계산을 떠나서 가장 순수하게, 본성적으로 해야 한다고 생각한다. 우리는 지금 자연의 일부라는 것을 망각하며 살아가고 있다. 마치, 우리가 살아 있다는 사실을 망각하듯이, 우리는 우리가 거대한 생태계의 흐름의 한 부분에 불과하다는 것, 기나긴 지구의 역사, 우주의 역사에서 찰나에 불과하다는 것을 까마득히 잊어가고 있다. 돈. 이것을 떠나서, 가장 순수하게 인간의 본디 모습으로 돌아왔을 때, 우리는 자연을 사랑하고 있다고 말할 수 있을 것이고, 제2의 천성산, 북한산, 새만금이 생기지 않을 토대를 갖출 수 있을 것이다.

–『발바닥, 내 발바닥』을 읽고, 김나리

기와 에너지가 자연과 우리와의 관계를 설명할 수 있을까

우리는 생태환경을 보호해야 하는 것을 당위라고 생각하지만 막상 그것의 절대적인 당위성은 어디서부터 온 것인가? 우리는 서양의 전통적인 사고방식과 동양의 전통적인 사고방식을 통해 역사적인 당위성을 얻을 수 있다고 생각한다. 흔히들 서양의 사고방식은 자연을 지배하려 하고, 자연에 대해 배타적인 특성을 갖는다고 하지만, 서양적 사고방식의 결정체인 과학에서도 생태환경의 당위성을 내포한 채 자연의 모든 현상을 설명하고 있다. 그와 더불어 오래전부터 자연과의 조화를 중요시해오던 동양에서도 그 당위성을 설명할 개념을 지니고 있다.

> 변화를 존재의 원인으로 가시는 기는 서양에서 다루는 자연과학에서의 엔탈피와 크게 다르지 않다고 본다. 기가 음에서 양으로, 양에서 음으로 변하는 것처럼 엔탈피도 엔탈피가 감소하는 방향과 엔탈피가 증가하는 방향으로 변하면서 이 세상을 이루는 반응들을 관장하고 있다고 할 수 있다. 다만 차이점이라고 하면 기는 인간에 대해서 논하는 것이 대부분이었고, 엔탈피가 인간과 자연을 분리시킨 채 자연이라는 대상을 분석하고 논하는 데에 집중한 것이라고 할 수 있을 것이다. 그렇기에 섣부른 판단일지는 모르겠지만 기와 엔탈피는 에너지라는 이름으로 총칭될 수 있을 것이라 본다.
>
> ─『가치 청바지 4』를 읽고, 이희선

과학자들은 특히 자연재해의 근본적인 원인을 단순히 인간의 활동 때문이라고 말한다. 그렇지만 좀 더 자세히 들여다보면, 그것은 인간의 활동이 자연스러운 기의 흐름이나 엔탈피의 변화를 막았기 때문에 일어난 일임을 알 수 있다. 지구는 지각, 맨틀, 핵으로 이루어진 나눌 수 있는 단순한 물질이라기보다는 우주 전체에서뿐만 아니라 지구 자체에서도 하나의 생명체로서 존재한다고 볼 수 있다. 그렇기 때문에 인간 안에 존재한다고 말할 수 있는 기가 바로 지구에도 존재한다고 보는 것이다. 과학에서 말하는 대기의 대순환이나 해류의 순환이 바로 이러한 자연스러운 기의 흐름을 보여준다. 그런데 인간이 인간의 이익을 위해서 인위적으로 이러한 기의 흐름을 막고 기가 흐르지 못하도록, 말 그대로 기가 막히게 기의 흐름을 막고 있는 것이다. 엔탈피의 측면에서도 엔탈피가 높은 곳과 낮은 곳의 적절한 평형을 유지하려는 것이 자연의 천성적인 흐름인데 인간의 활동은 이러한 흐름을 막고 있다. 이렇게 기가 막히고, 엔탈피의 변화가 차단됨으로써 기와 엔탈피가 어느 한 곳에 정체하게 되고, 그 정체로 인해 어떤 곳에서는 에너지가 과다하게 방출되고, 또 어떤 곳에서는 부족하고 그것이 결핍으로 이어져 곤란한 사태가 빚어지기도 하는데 우리는 이것들을 자연재해라고 부른다. 인간에 의한 자연재해? 감쪽같은 자기 합리화이며 말장난인 것이다.

> 정리해보면, 기와 엔탈피는 인간에게든 자연에게든 생명의 흐름이라고 볼 수 있다. 그렇기에 기나 엔탈피를 가지고 인간과 자연에 대해 설명할 수 있고, 그렇기에 그 기와 엔탈피의 변화를 유지하는 것이 인간과 자연을 건강한 상태로 유지할 수 있는 방법이라고 볼 수 있는 것이다.
>
> ―『가치 청바지』를 읽고, 우시원

이와 같이 환경에는 자연의 모든 현상을 주관하고, 인간이 존재할 수 있도록 해주는 에너지의 흐름이 있다. 이 에너지를 자연스럽게 흘러갈 수 있도록 해주는 것이 바로 생태환경을 보호하는 것이라고 할 수 있다.

인간은 11시 59분 59초에 등장해서 그 전까지 이루었던 모든 것들을 부수고 있다

이렇게 많은 이론들이 자연보호를 정당화하는 구호를 외치고 있음에도 불구하고, 구호가 행동으로 연결되지 못해 자연을 함부로 다루는 것은 어떻게 설명할 수 있을까? 인간은 만물의 영장이기 때문에 기의 흐름이나 에너지의 흐름을 무시할 수 있는 것일까? 이에 대한 물음과 답변을 역시 『주제와 변주1』 최재천 교수님 편에서 찾아볼 수 있었다.

> **강재홍** : 〈투모로우〉라는 영화에서도 보면 자연을 황폐하게 만들어 엄청난 재앙이 덮치는데, 저는 인간이 자연의 아이이고, 그 자연이 우리의 부모 같은 존재라고 생각했습니다. (……) 앞으로 이러한 자연재앙이 또 있을지, 그렇다면 우리는 미래를 어떻게 맞이해야 하는지요.
>
> **최재천** : (……) 저는 과연 우리가 어떻게 해서 만물의 영장이 됐을까를 생각하며 자꾸 반성해봅니다. 우리가 만물의 영상이 된 것은 그 누구보다도 자연을 잘 이용했기 때문이죠. 자연을 보호하자고 처음부터 굉장히 조심했으면 만물의 영장되기 좀 힘들었을 것 같아요. 무차별적으로 자연에서 막 빼먹고 악랄한 짓을 저희가 누구보다도 잘 해왔기 때문에 만물의 영장이 됐다고 보는데, 문제는 이제 더 이상 그런 짓을 하다가는 우리가 사라지게 생겼다는 거죠. 얼마 전부터 겁 없는 짓을 제가 하고 있어요. 국제학계에다가 "우리 인간의 학명을 고치자" 하는 소리를 하고 있습니다. 떠들긴 하는데 사실 제 말에 귀기울이는 사람은 아직 없습니다. 그래도 자꾸 떠들다 보면 우연한 계기가 생기지 않을까. 우리를 '호모 사피엔스'라고 부르는데, 그 '사피엔스'란 말이 'wise'란 뜻이잖아요. '슬기롭고 지혜롭고 현명하다'는 뜻인데, 저는 그것에 동의 못 합니다. '똑똑한 인류' 쯤에는 동의하겠는데, 저희가 정말 지혜로웠으면 이렇게 환경을 망가뜨리면서 살지는 않았어야 하는 거죠. 환경도 지키면서 우리가 발전을 해왔어야 현명한 인류지요.
>
> —『주제와 변주』 제4회 최재천 선생님 편, 177쪽

인간의 멸종, 아니 인간의 자멸! 무섭지 아니한가? 인간이라면 이 지구상에서 가장 진화한 고등동물이고 먹이사슬의 최상층에 있다고 생각했는데 말이다. 최재천 교수님은 지구상에 존재했던 99%의 생물이 멸종했다고 말했는데 그 것이 과연 그들이 자연에 피해를 준 결과 그렇게 된 것일까? 과연 그들의 과욕이 서로 간의 먹이사슬을 파괴하고 그것이 생태계의 엔트로피를 높이는 결과를 가져왔기 때문에 그렇게 된 것일까? 그렇다면 인간은 생태계의 먹이사슬에서 어떤 역할을 담당하고 있는가? 단적으로 전세계 121개국에 29,000개나 되는 매장을 가지고 있는 맥도날드에서 소비되고 있는 그 엄청난 양의 햄버거는 어떻게 만들어지는 것일까? 일전에 〈지식채널e〉이라는 프로그램을 통해 햄버거커넥션에 관한 영상을 본 적이 있다. 그 동영상에 의하면 1970년대 말 중앙아메리카 전체 농토의 2/3가 축산단지로 전환되고 매년 남한 땅 크기의 목초지가 과도한 방목에 못 이겨 사막화되고 그 결과 지구의 온도는 상승하게 된다고 말한다. 거짓말을 하지 않는 자연……

　이처럼 인간이 자연을 이용하려고만 들다가는 인간과 환경은 영영 서로간의 차이를 극복하지 못하고 이원화될 것이다. 현재도 도시화의 영향으로 건물들은 점차로 높아지고 우리들은 건물 안에 틀어박힌 채 자연을 감상하는 시간을 갖기는 커녕 컴퓨터 모니터를 통해 자연의 아름다움에 대한 경이를 표할 뿐이다. "우와. 여기가 어디야~? 몰디브! 뭐? 20년 후면 사라진다고?" 집 밖에 심어놓은 나무의 푸르름을 고마워할 줄도 모르고 일단 먹고 보자라는 태도로 햄버거를 먹으면서 말이다. 『평화를 위한 글쓰기』에서 마사오 미요시는 "어떤 일이 한 장소와 한 측면에서 일어나더라도 그 일은 불가피하게 세계의 다른 모든 것과 다른 모든 장소와 상호 관련될 수밖에 없다"라고 말한다. 이제는 늦출 수 없다. 자연과 인간이 함께 건강해질 수 있는 길을 모색해야 할 시간이 왔다.

지구의 파멸을 막고 자연과 인간이 공존할 수 있는 방법은 무엇일까?

우리는 가이아라고 하는 거대한 어머니의 품, 멋진 성벽 안에서 살고 있다. 지금까지 현대사회를 살아가는 많은 사람들은 어머니 가이아의 존재를 잊고 있었고, 성 안에 멋진 집을 짓기 위해 성벽의 벽돌을 내어 쓰는 어리석은 행동을 자행해왔다. 그렇기에 이제부터라도 우리가 지구의 역사에서 한 찰나를 차지하는 미물이라는 점을 깨닫고, 벽돌을 빼내어 쓰기 위해 우리 지구 역사 전체의 생명에 위협을 주는 어리석은 행동은 하지 말아야 할 것이다. 또한 우리의 찰나를 누리는 데 전심전력하기보다는 우리가 왔다 가는 이 찰나에서 자연이라는 성벽을 견고히 하기 위해 노력해야 할 것이다. 앞에서 살펴본 바를 종합해보면, 이질적인 두 관점인 서양적 관점이나 동양적 관점, 또한 인간 본연의 모습에 있어서도 생태는 우리들 존재 자체의 출발점이있다. 우리가 인간 없는 지구를 상상할 수 없듯이 지구 없는 인간도 상상할 수 없을뿐더러 존재할 수 없다는 점을 명심하자.

2. 1분 1초, 매순간을 지탱해주는 지구와 자연을 위해 우리는 어느 정도까지 불편한 생활을 감수할 수 있을까?

〈상황1〉 환경보호를 합시다. 다만, 내가 할 필요는 없겠죠.

앞에서 환경보호가 우리의 삶에 맞닿아 있는 문제이고, 이 지구에 발붙이고 살아가는 인간이라면 누구든지 공감하는 이야기임을 확인했다. 실제로 우리나라만 보더라도 1970년대, 80년대의 성장제일주의 시대에서 조금 벗어난 오늘날을 살아가고 있는 사람들에게 무작위로 물어보더라도 "환경은 보호해야 하는 것, 함께 살아가야 하는 것"이라는 답을 들을 수 있을 것이다. 그리고 각종 방송 캠페인에서도 환경보호라는 단순한 구호에서부터 구체적인 실천방안까지 제시하면서 자연보호에 대해 일반인들의 각성을 촉구하고 있다. 그러나 날이 갈수록 커져가는 환경 캠페인과는 다르게, 막상 자연을 보호하기 위해 무언가를 실천하는 시민들은 많지 않은 것 같다. 우리도 예외일 수는 없다. 더운 여름에는 주저하지 않고 에어컨을 켜고, 가까운 거리를 이동할 경우에도 아무런 망설임 없이 차를 타고 불필요한 이산화탄소를 배출해내는 우리 모두가 여기 상황 1의 주인공이라는 말이다.

〈상황2〉 세계의 죄를 혼자 짊어지고 사라질 섬나라들

적도의 작은 섬나라 투발루는 선진국들이 경제성장을 위해 내뿜은 온실가스가 지구의 평균기온을 상승시키고 빙하를 녹여 해수면이 상승하는 바람에 세계지도에서 사라질 형편에 놓여 있다. 투발루 사람들은 당장 자신의 집이 잠길 위험에 사로잡혀 있지만, 막상 자신들을 이런 처지에 놓이게 한 강대국들은 이들의 이민신청을 받아주지 않아 투발루 국민들은 곤혹스러움을 감추지 못하고 있다. 그리고 피해국의 사람들이 가해자의 나라로 이주한다고 해도, 그곳에서도 자신들은 빈곤층이 될 확률이 높기 때문에 정상적인 생활을 기대하기란 어렵다. 이렇게 피해자의 나라에서는 여러모로 생명의 위협을 겪고 있는데 미국과 오스트레일리아 같은 소위 강대국이라고 하는 나라들은 자신들이 축적한 부와 멈출 수 없는 국가적 야망으로 세계적 차원의 대응책이라고 할 수 있는 교토의정서에 서명하는 것에 미적지근한 반응을 보이고 있다. 마사오 미요시는 이러한 태도를 "납득할 수 없는 무책임성과 무지"라고 표현했다.

'누구'의 일이라고 생각하기에, '아무도' 행동하지 않는 것일까

상황1과 2는 얼핏 보면 다른 이야기인 것 같지만 결국 이 두 이야기는 하나의 결론에 도달한다. 그것은 바로 환경에 대한 책임을 '아무도' 지지 않으려는 것이다. 환경을 오염시키는 데에는 알게 모르게 모두가 동참하고, 그 환경을 다시 예전의 상태로 되돌리자고 하는 목소리에도 동조하면서 막상 그것의 실천은 환경단체 또는 '나 아닌 누군가'의 일이라고 생각하고 '아무도' 행동하지 않는다.

소위 '발달된 문명'을 얻은 대가로 기후변화라는 재앙을 얻은 것이다. 이러한 이유에서 산업화가 일찍, 혹은 많이 발달된 나라는 기후변화에 더 큰 책임이 있다고 할 수 있다. 하지만 기후변화로 인한 큰 재앙은 그 요인을 발생시킨 곳에서 떨어진 지역에 발생하고 있다. 이는 국가-국가 간이 아니라. 한 국가 내에서의 경우도 포함한다. 예를 들어 우리나라의 경우도 현재 풍수해로 피해를 입는 지역은 공장과 자동차가 많은 도시가 아니라 강원도 산골이나 농업지역이다. 미국의 경우도 마찬가지로, 허리케인으로 피해를 입는 지역은 대부분 빈민들의 거주지였다. 이처럼 기후변화 요인의 생성지와 그에 따른 피해지역이 다른 것은 환경을 오염시키는 자들에게 그 심각성을 느끼지 못하게 한다. 그들이 더위를 피하기 위해 켠 에어컨은 지구의 온도를 상승하게 했지만, 정작 그 더위는 빙하를 녹여 한 섬에 위치한 국가 전체를 잠길 위험에 빠뜨리고 있으며, 그러한 위험을 겪지 않은 사람들은 더 더워진 기후에 더 빵빵하게 에어컨을 켜고 있을 뿐이다. (……)

이러한 기후변화의 심각성을 느끼지 못하는 사람, 오늘날 대부분의 사람은 방송이나 신문에 별 반응을 보이지 않는다. 느끼지 못한 재앙과 재난은 단지 수치에 불구할 뿐이며, 약간의 동정심을 가져야 할 대상으로 밖에 여겨지지 않는 것이다.

－『아주 특별한 상식 NN 5권』을 읽고, 이윤영

이렇듯 절실함 없는 단순한 앎으로는 어떠한 변화도 일어날 수 없다. 멀리 있기에 느끼지 못한다고? 그러나 꼭 그런 것만이 아님을 다음에서 알 수 있다. 과연 기업을 운영하는 사람들은 지금과 같은 현실을 전혀 모르는 것일까? 그 심각성의 정도를 정확히 모르는 것일까?

그들은 사업을 하는 중이고 그들의 사업관은 이윤을 남기는 것이다. 그것이 지구의 온도를 올리고 있다는 것은 중대한 고려사항이 되지 않는다. 다만 돈만 벌게 해주면 그만인 것이다. 세계 정상들이 모인 각종 회의에서도 제기된 문제들이었지만 정치가든 사업을 하는 사람이든 그 제도에 구멍을 찾는 연구만 할 뿐이다. 더 많이 돈을 버는 데 정상이 존재하는 한, 그 자리에 앉아 보기 위해 끊임없기 돈을 벌려고 하고 환경의 피해도 뒤따른다.

세계의 의식 있는 지식인들이 좋은 대안을 내놓음에도 불구하고 바뀌지 않는 이 현실은 무엇을 의미하는 것일까? 그들은 세계를 움직이는 정치가나 거대기업의 회장이 아니다. 정치가와 사업하는 사람들은 그들이 내놓은 대안을 비판하고 법의 허점을 노릴 뿐이다. 왜냐하면 그들의 사업은 이윤추구를 목적으로 하고 자연은 돈과 명예에 가려 우선순위가 되지 못하기 때문이다. 그들의 말을 들어보면 다 타당한 내용이고 진짜 그들의 말을 듣는다면 우리가 꿈에나 보는 그런 세상이 올 것만 같다. 하지만 그들의 노력은 다 허사로 돌아간다. 그들은 넓은 세상을 보지만 그들의 목소리는 수많은 의견들의 일부이고 실질적으로 세상은 다국적기업 혹은 미국과 같은 정치판에 의해 움직이고 있다. 책을 통해 환경운동가들이 노력하는 모습을 보았다. 실제로 현장에 가서 체험해보고 더 좋은 방안과 해결책을 찾기 위해 조금씩 노력하고 있으나 현실은 너무나 매몰차다. 거대기업에서 나오는 유해물질과 그로 인한 환경피해는 그들의 노력조차 무참하게 부숴버린다.

　이렇게 행동하지 않음에 대한 결과는 가깝지만 아직은 먼곳에 있다고 말할 수 있다. 그렇지만 지금 태평양의 섬나라에서는 어제까지만 해도 삶의 보금자리였던 집들이 지구온난화로 물에 잠기고 사라지고 있다. 투발루의 환경자원부 장관 토무 시오네는 "투발루의 위기는 강대국, 산업국, 개발도상국에 그 책임이 있다"라고 주장한다. 이 나라들이 배출한 오염물질들이 지구를 온실로 만들어 섬나라 사람들을 절망의 끝으로 몰아넣고 있으며 정작 이렇게 오염물질을 제공한 '강대국, 산업국, 개발도상국'은 삶의 터전을 잃고 이주해오는 이들을 막아서고 있는 것이다. 이른바 '환경난민'을 인정하지 않는 것이다. 선진국 국민들이 고에너지 소비형의 삶을 살아가는 데서 비롯된 이들의 비극을 현행 국제법 체제에서는 인정할 수 없다는 태도를 고수하고 있는 것이다.

불편함을 느끼는 것이 당연한 일일까?

작은 환경적 실천에서부터 시작하여, 국가적인 환경협약에 이르기까지 어느 것 하나 '모두'의 일이 되지 못한 것은 한마디로 '불편함'을 견디지 못하기 때문이라는 것을 알 수 있다. 개인적으로든, 국가적으로든 지금의 생활터전에서 생태를 고려하고, 환경과 공존하려는 생각을 가지는 순간 최첨단으로 발전된 문명에서 낙오자가 되어 퇴화된 생활, 한마디로 지금보다 불편한 생활을 해야 한다고 생각한다. 그렇기에 그 불편한 생활이 싫어 지금의 행동하지 못하는 태도를 바꾸지 못하는 것이다.

다시 말해서, 행동하지 못하는 현실의 근원적인 원인을 불편한 생활에 대한 막연한 거부감이라고 생각해보면, 여기에는 환경을 생각하고 그에 따라 행동하는 것이 전혀 불편한 것이 아니라는 것을 깨우치고, 알리는 것이 근원적인 해결점이 될 수 있다고 생각한다.

먼저, 개인적인 측면에서 행동하지 못하는 것은 환경운동의 개념이 '생태적 효율성'에 갇혀 있기 때문이라고 할 수 있다. 산업화가 자연을 파괴하고 우리의 삶의 터전을 위협하는 또 다른 존재가 되었음을 깨닫고 '조금 덜 오염시키고 조금 덜 나쁜' 방식을 찾는 것에 환경운동의 초점이 맞춰져 있었다. 그 기본원리에 입각한 형태가 바로 '생태적 효율성'이다.

생태적 효율성은 한 마디로 '더 적은 원료로 더 많은 일을 하는 것'이다. 이는 4가지 방법으로 실천이 되는데 그것은 바로 감소(Reduce), 재활용(Reuse), 재생(Recycle), 규제(Regulate)이다. 이 4가지 방법은 어찌보면 환경운동의 기본적인 지침이라고 할 수 있지만, 이 4가지 방법 때문에 우리는 생태적 사고에 거리감을 느꼈다고 할 수 있다.

예를 들어 보면, 감소는 원초적인 문제는 해결하지 못하고 그 속도를 낮추는데 불과했고, 우리가 뿌듯하게 생각함과 동시에 부담감을 느끼는 재활용 또한 오염물질의 축적을 가져왔다. 그리고 우리가 의무감을 느끼는 재생은 본래 물질(원료)의 질을 떨어뜨리는 다운 사이클링의 결과를 낳게 되었다. 마지막으로 규제는 사람들에게 가장 큰 의무감과 거부감을 안겨주는 요소로서, 디자인적 문제를 해결하지 않고 그저 결과론적인 해결책만을 추구한다는 점에서 한계가 있다고 할 수 있다. 그리고 그 한계점과 동시에 사람들에게 '생태중심의 생활=불편한 생활'이라는 등식을 머릿속에 자리잡게 해주었다고 할 수 있다. 따라서 사람들의 의식 저변에 깔린 환경운동=생태적 효율성을 기반으로 한 4R운동이라는 사고를 깨서 환경운동에 대한 편견을 없앨 필요가 있다.

다음으로 국가적인 측면에서 생각해보면 각국이 선뜻 환경운동에 발벗고 나서지 못하는 이유도 선진생활에서의 퇴보에 대한 막연한 두려움 때문이라고도 할 수 있는데, 이는 피터 싱어가 지구적 빈곤을 해결하기 위해 내놓은 대안에서 그 해결점을 찾을 수 있다.

> 지난 해, 콜롬비아 대학 경제학자인 제프리 삭스가 이끌었던, 유엔 특별팀은 1년 예산을 2006년에는 친 이백십억 달러이며, 2015년에는 1,890억 달러로 증가할 것이라고 추정하였다. 우리가 현존하는 공식적인 개발원조 약속을 고려했을 때, 이 목적에 부응하기 위해 매년 필요로 하는 부가 예산은 2006년에 겨우 480억 달러, 그리고 2015년에 740억 달러이다. 이것은 실제로 매우 약소한 금액이다. 예를 들어, 미국에서만 최소한 500만 달러를 벌어들이는 납세자들이 14,400명이 있다는 사실을 생각해보자. 이는 총 1,840억 달러에 달한다. 그들은 자신들의 1년 소득의 1/3을 제공하는 데 큰 어려움이 없을 것이다. 왜냐하면 그래도 여전히 최소한 연소득 330만 달러가 그들 각자에게 남아 있을 것이기 때문이다. 그 기부금 총액은 삭스가 2006년에 필요하다고 계산했던 추가 원조액보다 많은 금액이다.
>
> ─『하나뿐인 세계를 위한 윤리』, 피터 싱어

지구적 빈곤이라는 문제와 지구적 환경이라는 문제가 어느 한 나라 선뜻 나서지 못하지만 꼭 해결해야 하는 문제라는 점을 통해 볼 때, 지금의 부를 누리기 위해 빈곤 국가의 자원을 사용한 것에 대한 대가로 지금의 원조를 생각하는 것처럼, 지금의 풍요로운 삶을 누리게 해준 자연을 위해 생활에 약간의 변화를 주는 것은 '원조'이고 '변화'일 뿐 '어려움'을 주는 요소가 아님을 알 수 있다.

　정리해보면, 개인적으로든 국가적으로든 환경을 생각하고, 환경과 함께하기 위한 실천적인 행동들은 우리가 생각하는 것만큼 불편한 일이 아니다. 그렇기에 우리의 삶 1분 1초, 매순간을 지탱해주는 지구, 자연을 위해 우리 '모두'가 행동해야 함은 자명한 사실이다. 그리고 우리 '모두'가 행동하기 위해서는 불편한 생활이라는 편협된 시각에서 벗어날 필요가 있는 것이다. 만일 의식의 변화를 일으키지 못해 그것이 불편한 생활이라고 생각한다 할지라도 그것은 다른 목적이 아니라 우리 존재 자체에 대한 의무를 다하는 것이므로 미덕이라고 생각해야 한다.

3. 지구의 파괴를 막고 자연과 인간이 공존할 수 있는 방법은 무엇인가?

대안은 대안에 불과한 것일까?

앞서 왜 환경을 보호해야 하는가를 생각해보았고, 누구도 잘못에 대한 책임을 지려 하지 않는 현실에 대해 알아보았다. 그러나 아는 것만으로는 족하지 않다. '아는 것'은 누구나 할 수 있는 일이다. 다만 그것을 실제로 행하는 사람이 없었기 때문에 계속해서 환경오염은 심해지고, 차츰 인간이 사는 공간이 위협받는 지경에 이른 것이다. 그리고 많은 선각자들이 우리에게 생활에서 실천할 수 있는 것에서부터 시작하여 거대한 규모의 대안을 내놓았지만 그 대안은 아직 대안에 머물러 있다. 진실을, 그리고 대안을 알게 되었다면 우리 자신을 위해, 더 나아가 지구를 위해 행동하는 일만이 남은 것이다. 약속은 지키라고 있는 것이듯이 대안도 직접 실행에 옮기라고 있는 것이다. 그렇지만 무턱대고 "환경운동을 할거야"라고 말하기만 해서는 아무것도 해낼 수가 없다.

먼저, 지금 당장 개발을 전부 멈추고 환경운동을 시작할 수 없음을 『주제와 변주 2』의 김곰치 선생님 편에서 찾아볼 수 있다.

인간만이 가치를 생산하는 것일까? 그렇지 않다면 개발은 정당화될 수 없는 게 아닐까?

> **김지현** : 학생으로서 환경문제에 대해 어떻게 바라보고 실천할 수 있을까요?
>
> **김곰치** : 사람이 하는 짓이 개발이에요. 개발이라기보다는 변화고 변조고 하나님이 애초에 물려주신 재료를 가지고 장난을 치고 싶은, 그런 인간의 본능이 있어요. 그게 개발이라는 이름이 되기도 하는데, 지금 개발이란 것의 문제점은 자본주의가 경제적 가치를 추구하면서 안 해도 되는 개발을 마구잡이로 한다는 거거든요.
>
> 지속가능한 개발이라는 말 자체는 참 좋아요. 인류가 물질변화와 발전 속에서도 또 다른 차원의 문명사회에 제법 도달했다는 뜻이거든요. 그런데 그 개념 자체를 저마다 다르게 해석해요.
>
> 내가 개발이 원래 인간의 짓이기도 하다고 우호적으로 말해도 개발이라는 단어가 이미 너무나도 오염되었기 때문에 그 말을 우리가 당분간은 포기할 수밖에 없어요. 나는 개발에 너무 반기만 드는 극단주의도 문제가 있다고 생각합니다.
>
> ―『주제와 변주』 제18회 김곰치 선생님 편, 297쪽

김곰치 선생님의 말씀처럼, 개발은 인간 본연의 욕망을 충족시키는 행위이고 자본주의 사회에서는 자본과 직결되는 문제이기에 멈출 수는 없다. 하지만 그 개발의 형식은 지금과는 약간 길을 달리한다고 할 수 있다. 그것이 흔히 말하는 '지속가능한 개발'이다.

이런 식으로 진행될 수 있는 지속가능한 발전은 생태적 효과성을 가장 집약적으로 보여준 것이라고 생각한다. 생태적 효과성은 사용자만 또는 노동자에게만 또는 인류에게만 또는 자연에게만 이로운 것이 아니라 모두에게 이로

움이 될 수 있는 것을 의미한다. 경제가 단지 그 기업 또는 그 국가에 이익이 되는가에 초점을 맞춘다면, 지속가능한 발전은 정말 환경에 한 가지의 쓰레기도 남지 않을 수 있는가, 다시 말해서, '요람에서 요람으로'의 구조가 형성이 되고 있는가에 초점을 맞춘다는 것이다.

하루에 10분만 내 주위를 생각할 시간을 가져보는 것은 어떨까

혹자는 생태적 효과성이라는 단어와 그 의미에 대해서는 신선함을 느낄지도 모르지만, 지속가능한 개발이라는 구태의연한 말에 싫증을 낼지도 모른다. 그렇다면 지금 우리가 지속가능한 개발의 관점, 혹은 환경보호의 관점에서 할 수 있는 일은 무엇이 있을까? 이에 대한 답변도 주제와 변주 김곰치 선생님 편에서 찾아볼 수 있었다.

> **사회자** : 아까 환경문제와 관련하여 학생으로서 할 수 있는 일이 무엇인지 묻는 질문이 있었습니다.
>
> **김곰치** : 학생은 학생다웠으면 좋겠어요. 학생이 단식 투쟁을 한다든지 하는 행동은 안 어울려요. 제가 이 책에 실린 글들을 쓰기 시작할 초기에 제 자신이 보기에도 이 환경운동이 너무너무 재미있는 거예요. 환경운동은 내가 실천할 게 너무 많아요. 어디 가서 시위하는 것만을 뜻하는 게 아니잖아요. 휴지 하나 안 버려도 환경운동, 반찬 하나 안 남겨도 환경운동이에요. 초기에 내가 마음이 순수할 때는 길거리를 지나가다 풀만 봐도 반가웠어요. 보도 블럭 사이의 풀 한 포기가 반갑고 '저놈 하나가 이산화탄소를 마시고 산소를 내뿜고 있네, 너 참 대단하다, 수고한다' 하고 즐거운 마음이 되는 거예요. 아마 학생들한테 어울리는 것이 그런 것 아닐까요. 그렇게 사세요. 사시다가 사회적으로 때가 되면 더 큰 실천들을 할 수 있을 거예요.
>
> ―『주제와 변주』 제18회 김곰치 선생님 편, 299쪽

청소년인 우리 하나 하나가 아마존지역에서 벌채되고 있는 산림들을 보호할 수도 없고, 각종 협약이 체결되는 회담장소에 나가서 의견을 피력할 수도 없다. 다만 지금 여기에서 뭔가 할 수 있는 것 하나만이라도 행동으로 옮기되, 앞에서 말한 생태적 효과성과 같은 큰 가이드라인을 놓쳐서는 안 되는 것이다. 이렇게 학생으로서 행동으로 옮기기 쉬운, 그러나 그 작은 행동이 큰 변화를 일으킬 수 있는 것들은 다음과 같다.

티슈를 쓰지 않는다. 손수건으로 해결하자.
목욕하고 남은 물은 대야로 세탁기에 퍼 담는다.
불필요하게 음료수병을 사지 않기 위해 물통을 들고 다닌다.
사용한 알루미늄 호일은 씻어서 재활용한다. 알루미늄의 제련공정에 엄청난 양의 전력소비가 뒤따른다.

위의 네 가지 일들은 흔히 알려진 환경보호 방법과는 약간 다르긴 하지만, 여전히 흔한 대안이라 생각한다. 그렇기에 가장 근원적으로 접근하여 학생인 내가 할 수 있는 방법은 먼저, 지금 당장 내 주위의 자연을 찾아보는 것이다. 교실 창문에 비치는 하늘, 그리고 산, 하다 못해 운동장에 중간중간 흩어져 있는 돌과 그 사이의 잡초들…… 그 다음엔 그리 긴 시간도 아닌 10분 동안 내 주위의 자연을 느끼려고 노력한다. 그것들과 내가 남이 아니라 그것들이 있었기에 내가 있을 수 있고, 내가 있기에 그것들의 존재가 인지된다는 것을 느낀다. 그리고 그 다음 10분 동안 내가 그 존재들을 위해 할 수 있는 일이 무엇이 있을지 생각한다. 이런 방식으로 생각한 것들은 내가 이미 그 존재들의 가치를 느꼈기 때문에 실천에 옮기기 쉬울 것이라 생각한다. 그리고 이러한 실천을 지속적으로 한 청소년 개개인은 환경을 생각할 줄 아는 태도가 깊숙이 내재된 사람으로 성장할 수 있게 될 것이다.

우리 손으로 지구를 살리는 에코토피아 프로젝트는 어떻게 해나가야 할까?

그런데, 이렇게 개인이 시간을 할애하여 의식의 개혁을 일으키고, 그 변화에 기반을 두고 행동으로 옮기는 것이 지금 지구가 처한 문제의 긴박함을 쫓아갈 수 있을까? 위에서 제시한 개인적인 측면의 노력은 장기적인 측면에서의 대안은 될 수 있을지 몰라도, 생명이 달린 이 문제에서는 더 강제적이고 규율적인 노력이 필요하다고 볼 수 있다.

> 국가 혹은 어떤 큰 집단에서 육고기 생산 자체를 조절하는 것이 필요하다고 생각했습니다. 예를 들어 호주의 소사육으로 오존층이 파괴되고 있다는 소식은 가히 충격적인 것이었는데, 그것을 막을 수 있는 것이 물론 그것을 소비하는 양이 줄어드는 것이겠지만, 그렇게 되기를 기다리기에는 그 심각성이 너무 크다는 것입니다. 그러니 소비가 줄어들기 전에 생산 자체를 규제하는, 소사육의 정도를 규제하는 법적 제도의 마련이 시급하다고 생각합니다. 물론 자본의 논리상 소사육을 규제당하는 것에 반발하는 것이 생길 수 있으니, 제도를 따를 경우 그에 대한 철저한 보상이 이루어져야 하고, 지키지 않을 경우에는 엄청난 제재가 있어야겠지요.
>
> ─《Indigo+ing》6호, 83쪽

개인적인 실천과 행동은 실질적으론 이 세계의 환경문제에 기여하지 않는다는 것이다. 그리고 전 지구적인 변화, 특히 비즈니스에서의 변화가 절실하다고 주장한다. 그리고 지금의 경제체제에서 벗어나 회복적 경제체제로 바뀌어야 한다고 폴호켄은 주장한다.

폴 호켄과 같이 지구환경 문제를 전 지구적 문제로 보고 그 문제를 해결하기 위해 전 지구적 협정이 필요하다고 한 사람이 있다. 바로 피터 싱어 이다. 기후의 문제를 윤리적으로 바라본 사람이다. 피터 싱어는 이 세계의 환경문제는 선진국에서의 화석원료 사용 때문이라고 주장한다. 그리고 정작 피해를 입는 건 약소국이며 그 문제에 대해 획기적인 아이디어를 제시한다. 폴 호켄보다는 좀 더 현실적인 방안이라고 생각하는데 바로 국가에게 인구에 비례하는 할당량(배출량)을 주는 것이다. 그리고 그 할당량을 사고팔게 하는 것이다. 그렇게 하면 약소국은 상대적으로 오염배출이 작기 때문에 선진국에게 할당량을 파는 것으로 돈을 벌고 또 선진국은 돈을 아끼기 위해서라도 배출량을 줄이려고 할 것이다. 정말 일석이조의 효과를 얻을 수 있는 획기적인 방법이다.

-《Indigo+ing》6호, 91쪽

이 문제를 해결할 수 있는 것은 '개인'의 의식변화가 아닌, 그들도 어쩔 수 없이 환경 참여하도록 제도와 체계를 만드는 것이다. 커피를 사기 위해 시장을 갔는데 진열대에 올려진 것이 거의 모두 '공정 무역' 커피라면 소비자는 어쩔 수 없이 '공정무역'이라는 바람직한 경제 행위를 하게 된다. 또 도로에 다니는 버스가 모두 천연가스 버스라면, 똑같이 버스를 타더라도 승객은 '환경보호'를 하게 되는 것이다. 환경 문제를 자신의 문제라고 생각하지 않는 대부분의 사람들의 의식을 개혁하는 것이 불가능한 것이 분명하다면, 그들도 모르게, 어쩔 수 없이 하는 행동들이 이처럼 '환경보호'가 될 수 있도록 해야 할 것이다.

-《Indigo+ing》6호, 101쪽

이렇듯 '제도'와 '체계'로 사람들에게 강제로 환경보호에 대한 실천을 강요하는 것이 1분 1초를 다투는 현재의 지구의 문제와 더 맞닿아 있다고도 생각할 수 있다. 최근에 혁명적인 운동이 있었는데, 그 운동은 프랑스 파리에서 일어났다. 유럽연합이 2020년까지 온실가스 배출량을 20% 줄이기로 한 협약을 준수하기 위해서 파리시가 벨리브 프로젝트라는 이름 아래 자전거 도로를 확충하고, 자전거 대여소를 설치하여 자전거 보급을 확대한 것이다. 파리시는 이

벨리브 프로젝트가 일시적인 운동이 되지 않도록 하기 위해 내년까지 자전거 도로를 두 배로 늘리고 2020년까지는 자동차를 40% 줄이겠다는 장기적인 목표를 가지고 이 프로젝트를 계속 진행하고 있다.

앎과 행동의 접점은 어디일까

知行合一. 소크라테스를 비롯해 왕양명 등 많은 사상가들이 말한 이 지행합일의 정신은 다른 어떤 철학적인 사유보다 환경, 생태와 더 밀접한 관련이 있다. 앞에서 제시한 개인적인 대안에서부터 좀더 강제적이고 집단적인 성격이 강한 대안에까지 다양한 것들을 제시했지만 이는 또다른 지(知), 앎이 되어 죽어 있는 지식이 될 수 있다. 진실을 알고, 옳다고 생각하면, 행하는 것. 이것이 모든 환경운동의 시작점이라 할 수 있다.

매주 일요일 밤, 부산 남천동의 한 공간에서는 작은 모임이 열립니다. 스무 명 남짓한 학생들이 각자 책을 읽고, 진주조개가 끙끙 앓아 만들어낸 진주 같은 페이퍼를 각자 가지고 인디고 서원이라는 공간에 모입니다. 우리는 진실에 대해 말하고, 그것에서 멀어진 사람들을 말하고, 또 우리 자신에 대해 이야기합니다.

어느 날 우리는 『주제와 변주』를 읽고 모였습니다. 우리는 전쟁의 참혹함에 대해, 그리고 무감각하게 전쟁의 이미지를 소비하기만 하는 사람들에 대해 이야기했습니다. 승규는 전쟁의 참혹함, 전쟁 뒤에 숨어 있는 자본과 언론의 메커니즘을 대하는 우리들의 태도에 대해서 말했습니다. 전쟁이나 가난, 기아로 고통받고 있는 사람들의 모습을 봐도 그냥 그 장면 자체를 소비해버리곤 아무렇지 않아했던 우리들의 태도 말입니다.

승규는 부끄럽다고 했습니다. 하지만 승규는 평범한 학생인 우리가 실질적으로 현재의 상황에 영향을 미칠 수 있는 일은 없다고 했습니다. 그리고 합의독재에 대해서 말했습니다. 합의독재란 자본과 언론의 메커니즘과 같은 현실의 모순에 저항하지 않고 그저 그 상황 그대로를 유지하는 우리 대다수 사람들의 태도를 말하는 것입니다. 그리고 승규는 우리 모두에게 물었습니다.

"지구 반대편에는 아직도 많은 참혹한 일들이 일어나고 있다는 것, 그들의 힘든 상황을 인식해야 한다는 것을 다 알고 있지만, 정작 그들과 우리는 어떤 상관이 있는 것일까요? 왜 우리는 그들의 아픔을 함께하여야 하는 것일까요?"

우리는 승규가 던진 그 문제에 대한 답을 찾지 못했고 이 고민을 다음 수업 시간까지의 숙제로 남겨두었습니다. 수업이 계속될수록 해결되지 못한 물음들은 자꾸만 쌓여갔습니다. 여러 가지 책들을 통해 답에 근접해보려 했지만, 그 질문들은 두 시간이라는 수업시간에 해결하기에는 너무나 깊고 큰 물음들이었습니다.

한순간, 한순간 설레었던 '주제와 변주'를 떠올려봅니다. '주제와 변주'는 그 자리에 있었던 사람들에게 고민의 씨앗을 나누어주었습니다. 그리고 『주제와 변주』는 책으로 쓰여져 그 고민의 씨앗을 더 많은 사람들에게 나누어주었습니다. 그리고 그 고민의 씨앗은 우리의 머릿속에 뿌리를 내렸습니다. 해결되지 않은, 어쩌면 결코 해결되지 않을 질문들이 우리를 사로잡았고, 우리는 때때로 그 앞에서 무력감도 느꼈고, 한편으로 정의감도 느꼈습니다. 그리고 이 고민들을 공유하기 위해서 다른 사람들과 소통하고 싶다고 느꼈습니다.

우리는 소통하고 싶었습니다. 진실 어린 눈으로 서로를 바라보며 이 생각들을 전하고 싶었습니다. 넘치는 열정과 희망으로 '주제와 변주' 그 자리에 '살아 있었던' 우리 모두는 생각하고 떠들고 고민하기 위해 지금 여기까지 왔습니다. 주제와 변주가 일으킨 울림으로 이 책이 만들어졌습니다. 그리고 다시 그 울림을 전하고 있는 우리는, 이 책이 울림이 되기를 바랍니다.

우리는 평범한 대한민국 청소년입니다. 그렇기에 청소년이 할 수 있는 범위에서 전문가가 아닌 우리가 바라본 이야기들을 풀어냈습니다. 화려한 미사여구나 현학적인 글귀들로 우리의 말을 치장하려 한 것이 아니라 마음에서 꿈틀거리는 무언가를 풀어내려 노력했습니다. 부족한 점이 많지만 우리가 고민하고 애쓴 것들을 글에 담아내었습니다. 힘든 점도 많았지만 진지한 사유를 하는 동안 행복하고 값진 시간들을 보냈습니다.

한때 아직은 어리다고 생각했었습니다. 온실의 화초처럼 아직은 약하고 조그맣게 자라고 있는 청소년이기에, 세상은 무척 크다고 생각했었습니다. 그러면서도 우리는 너무 작은 곳에 있었습니다. 한국에, 학교에, 교실에, 내가 앉은 이 자리에.

하지만 이 책을 만들면서 점점 커져가는 우리를 발견했습니다. 함께 꿈을, 진실을, 절실함을 외치고 있는 우리를 발견했습니다. 마침내 그것이 우리 청소년들이 가지고 있는 힘이라는 것을 느꼈습니다. 순수한 마음을 가지고 끊임없이 의문을 가지고, 정의를 갈망하는 모습이 이 책을 통해 전달되었으면 좋겠습니다.

입시가 얼마 남지 않았는데, 고3들이 수학문제 하나 더 풀지 않고, 왜 이런 뜬구름 잡는 고민들을 했냐고 물어본다면 우리는 '선 채로 마냥 기다리기엔' 너무 답답하고 아득했기에 우리가 할 수 있는 일을 했을 뿐이라고 답할 것입니다. 이 땅을 디디고 서 있는 사람으로서 문제의식을 가지고 있다면 뭔가의 움직임을, 자신이 할 수 있는 일을 하지 않는다는 것은 비겁한 행동이라고 생각했습니다. 그래서 우리는 이 책을 꼭 '지금' 써야 한다고 생각했습니다. 입시제도에서 벗어나지 않은 상태에서, 청소년이라는 상황에서 이런 목소리를 내는 것은 또 다른 의미가 있다고 생각합니다.

그리고 이 책이 이렇게 만들어지기까지 많은 시간이 걸렸습니다. 생각을 글로 풀어내는 시간보다, 지금까지 '주제와 변주'를 통한 소통의 결과들을 어떻게 하면 가장 절실하게 표현할 수 있을까를 고민하고 나 자신의 주체적인 사고를 정리하는 시간이 더 많이 걸렸습니다.

돌 하나가 잔잔한 물가에 던져져 하나의 점파원이 되면 파면 위의 모든 점들은 다시 새로운 파동을 발생시키는 점파원이 되어 계속해서 파동을 일으킵니다. 마찬가지로 이 글들이 처음 던져진 점파원이 되고 다른 청소년들이 또 새로운 점파원이 되어 끊임없는 파동을 만들어 나갔으면 합니다. 그리고 그렇게 점파원이 된 청소년들이 사유의 끈을 놓지 않고 20대가 되고 어른이 되면서 사유의 범주를 넓혀나갔으면 합니다. 그러면서 진지하게 사유했던 것들을 실천으로 옮겨나가 마침내 사회를 변화시킬 수 있었으면 좋겠습니다.

울타리를 뛰쳐나온 양들, 구름이 되는 상상을 해봅니다. 동지구름들과 함께 해를 실어오기도 하고, 때로는 비가 되어 아직 울타리 안에 있는 양들에게 속삭입니다. 우리 모두 울타리를 뛰쳐나와 구름이 되보는 건 어떤가요? 두근거리지 않나요? 세상에 뛰어들어 세상을 바꾸기 위한 한 걸음. 다른 것은 필요 없습니다. 순수한 마음과 열정만 있으면 됩니다.

이 책을 만드는 네 응원해준 많은 친구들, 도움을 주신 선배님들, 항상 옆에 있어주신 우리 대장님, 아람샘, 그리고 우리의 고민을 들어주신 여러분께 진심으로 깊은 감사를 드립니다. 모두가 진실을 찾기 위해 소통하는 그 시발점이 되길 바라며 이 글을 맺습니다.

김원모, 김유리, 이상화, 이정민

창조적 열정을 지닌 청소년, 아름다운 세상을 꿈꾸다

1판 1쇄 펴냄 2007년 9월 10일
1판 4쇄 펴냄 2010년 3월 23일

지은이 인디고 아이들

편집주간 김현숙
편집 변효현, 김주희
디자인 이현정, 전미혜
영업 백국현, 도진호
관리 김옥연

펴낸곳 궁리출판
펴낸이 이갑수

등록 1999. 3. 29. 제300-2004-162호
주소 110-043 서울특별시 종로구 통인동 31-4 우남빌딩 2층
전화 02-734-6591~3
팩스 02-734-6554
E-mail kungree@kungree.com
홈페이지 www.kungree.com

ISBN 978-89-5820-107-6   03300

값 9,000원

* 이 책은 2007년도 학술진흥재단 인문주간 예산을 일부 지원받아 출판되었습니다.
* 이 책의 인세는 네팔 타나후 지역의 학교 건립 및 학교 내 인디고 도서관 건립기금으로 쓰입니다.